青少年红色励志故事丛书

杨利伟的故事

《青少年红色励志故事丛书》编写组　编著

CNS｜湖南人民出版社·长沙

图书在版编目（CIP）数据

杨利伟的故事 / 《青少年红色励志故事丛书》编写组编著. —长沙：湖南人民出版社，2012.3（2025.3）
（青少年红色励志故事丛书）
ISBN 978-7-5438-8265-2

Ⅰ. ①杨… Ⅱ. ①青… Ⅲ. ①杨利伟—生平事迹—青年读物 ②杨利伟—生平事迹—少年读物 Ⅳ. ①K826. 16-49

中国版本图书馆CIP数据核字（2012）第048498号

YANG LIWEI DE GUSHI
杨利伟的故事

编 著 者 《青少年红色励志故事丛书》编写组
出版统筹 陈 实
监　　制 傅钦伟
产品经理 姚忠林
责任编辑 聂双武
封面设计 谢俊平
责任校对 夏丽芬

出版发行 湖南人民出版社［http://www.hnppp.com］
地　　址 长沙市营盘东路3号
邮　　编 410005
经　　销 湖南省新华书店

印　　刷 长沙新湘诚印刷有限公司
版　　次 2012年3月第1版
2025年3月第10次印刷
开　　本 710 mm × 1000 mm 1/16
印　　张 10
字　　数 100千字
书　　号 ISBN 978-7-5438-8265-2
定　　价 29.00元

营销电话：0731-82683311（如发现印装质量问题请与出版社调换）

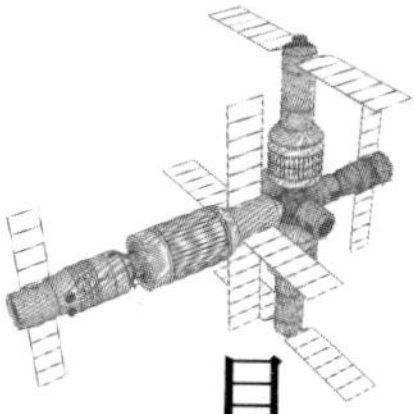

目录

1 小小少年的英雄梦 / 001

父亲经常告诉杨利伟："无论将来你在什么地方，都不要忘记自己的家乡。无论你做什么，都要心系祖国。"怀着对英雄的崇拜之情，杨利伟将父亲的话牢牢记在心里。就这样，小小少年伴随着心中的英雄梦逐渐成长起来。

2 丰富多彩的学生时代 / 008

"妈，我以后要当一名军人，像林则徐一样勇敢地同敌人抗争。到时候，我会率领最好、最强的军队保卫国家，这样我们就不会被外国人欺负了！"

3 梦想开始启程 / 015

随着时间的流逝，《铁道游击队》的影像渐渐从杨利伟心中淡去，想成为火车司机的梦想也渐行渐远，然而唯一不变的是成为一个飞行员的军人梦。

4 汗水和收获同行 / 023

遵守纪律是军人的天职，如果忽视纪律的重要性，就不能称为合格的军人。杨利伟就这样不断严格要求自己，逐步成长为一名真正的军人。

5 精彩的校园生活 / 031

杨利伟就是凭借自己的认真和对军校的热爱，快乐地生活在这个充满梦想的校园中。他相信，只要用心过每一天，精彩就会无处不在。

6 从准备到飞翔
/ 037

“从进军校学习到飞行毕业，我胜利了！但这只是开始，接下来，我将会为祖国贡献自己的一生！”杨利伟在心中立下了誓言，从此走向了更为辉煌的人生。

7 部队和战机
/ 045

作为一名时刻与死神对决的飞行员，只有平时刻苦训练，才能减少灾难的发生，才能在战场上立于不败之地，更何况，杨利伟的梦想是当一名王牌飞行员。

8 向“王牌”迈进
/ 051

“在航校时，我通过层层考验顺利毕业，然后实现了自己的飞行梦。现在，往前一步就是成为王牌飞行员的机会，而退后一步就只能抱憾终身……”

9 超越距离的选拔
/ 056

1992年9月，中共中央政治局常委会作出了一项重大决策：准备实施载人航天工程。随着这项工程的开始，选拔航天员的工作也慢慢展开了。

10 找到学习的最佳途径
/ 064

就这样，杨利伟一步一个脚印地前进着。他坚信：只要努力，就会有收获；只要踏踏实实学习，就会不断提高自我；只要学会坚持，就会更加接近成功。

11 痛并快乐着
/ 071

“痛苦只是短暂的，只要时刻保持积极向上的心态，再苦的训练都是快乐的。”杨利伟凭借顽强的毅力鼓励着自己，也鼓励着身边的每一个人。一名坚强的航天员慢慢成长起来。

12 零淘汰率的毕业生
/ 079

载人航天工程航天员选评委员会一致认同，14名航天员全部以优异的成绩通过了结业测试，授予“三级航天员”荣誉资格。

13 进入首飞的考验
/ 085

大家在5年时间中，尽自己最大的努力刻苦训练，为的就是实现最终梦想。然而，能够实现这一伟大创举的只有一个人。究竟谁能够成为最佳代表，肩负起这一历史重任呢？

14 这一刻就是我
/ 092

此时此刻，他没有大喜大悲。在面临如此重大事件的时候，还依旧能保持坦然自若的状态，这一刻，杨利伟做到了最真实的自己！

15 走向发射塔
/ 100

“报告总指挥同志，我奉命执行首次载人航天飞行任务，准备完毕，待命出征，请指示！中国人民解放军航天员大队航天员，杨利伟！”

16 你好，太空
/ 106

人们欢呼雀跃，从这一刻起，杨利伟代表全体中国人叩响了太空的大门，中华民族几千年的“飞天梦”终于成真！

17 太空的神秘景象
/ 112

正当杨利伟享受太空“夜晚”的静谧时，窗外突然闪过一道亮光。他立刻沿着舷窗寻找起来，但是什么也没发现。

18 惊险的归途
/ 119

在高温的烧灼下，飞船好像变成了一台炼钢炉，发出通红的亮光，那是摩擦生出的火焰。随着温度的不断升高，船体上的防烧蚀层逐渐剥落，一片片消失在大气中。

19 出乎意料的名气
/ 125

他从来没有想过从太空回来之后将会发生什么事情，突然之间成为“公众人物”让他有些措手不及，随之而来的工作压力也变得更大了。

20 保持一贯的作风
/ 130

看着杨利伟每天像陀螺一样忙个不停，大家都很担心他的身体。但是他却笑呵呵地跟大家开玩笑说:“我现在什么都不缺，就是缺觉。等哪天闲下来了呀，我一定会睡个够！”

21 肩上的责任
/ 136

太空没有国界，航天事业同样不分国界。中国的航天事业不仅代表着中华民族的崛起，还代表着人类社会对太空有了进一步的了解。

22 一定要做到“零失误”
/ 143

“执行飞行任务是一项极为严谨的工作，在操作过程中即使出现丁点的差错，都将造成难以挽回的后果。因此，要想保证任务顺利圆满完成，我们必须做到零失误。”

23 航天事业的新鲜血液
/ 149

杨利伟和战友们用10年时间成就了祖国辉煌的时刻，接下来，他们还将继续奋斗下去，因为今后还会有全新的血液融入到航天事业中来。

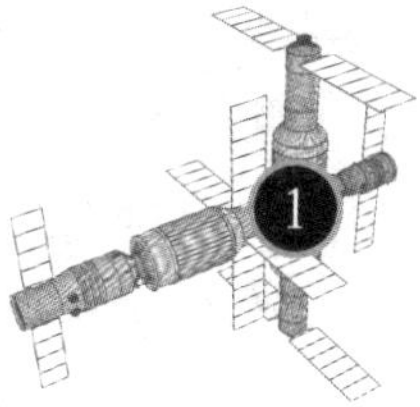

1 小小少年的英雄梦

在辽宁省葫芦岛市的南部，有一座宁静的县城，它依山傍海，与素有“天下第一关”之称的山海关相接，它就是被誉为“关外第一县”的绥中县。

1965 年 6 月 21 日，一个男婴呱呱坠地，他的到来让这个生活在绥中县的普通家庭十分喜悦。男主人和女主人都是知识分子，他们给男孩取名“杨立伟”，希望他能够成为顶天立地的好男儿。

在二十世纪六七十年代，物质供应还处于比较紧张的阶段。那个时候，油、白面等物资发放都是有规定的，一个人每月只能买三两油、半斤细粮，要是想吃饺子，就要耐心地等到过年，这时候白面攒够了，一家人就能够痛痛快快吃一顿香喷喷的饺子。平日里，大家只能吃玉米面、高粱米等粗粮。至于蔬菜、肉等食物更是稀缺，夏天的时候情况还比较好，能够吃上一些时令蔬菜，要是到了寒冷的冬季，也就

只能吃一点大白菜和土豆了，有时候甚至连这些菜都吃不上。而肉这种没有季节限制的食物，买起来却比蔬菜还困难。

尽管当时的生活条件不算太好，但是父母还是给杨立伟营造了一个幸福的家庭。父亲是一名土特产公司的员工，母亲在一所中学当教师，两个人在各自的岗位上兢兢业业做事，一家人的生活谈不上富裕，但也不用为吃穿发愁。杨立伟不是家里的独子，他有一个姐姐和一个弟弟，兄弟姐妹之间相处得十分融洽。

为了能够让孩子们健康成长，父母总是尽最大努力让孩子们吃饱、穿暖。孩子们想吃肉，父母就在家中准备一个小坛子，把好不容易买回来的肥肉放在里面炼出荤油，吃饭的时候舀一勺荤油拌在碗里，再稍微淋上一点酱油，孩子们就可以吃得津津有味。孩子们吃不上蔬菜，父母就会想办法从其他方面给孩子们补充营养。绥中县是个临海的县城，各种各样的鱼、虾、蟹等海产随处可见。和现在的海鲜不同，那时候的海产非常便宜，常常有卖海货的人走街串巷叫卖："卖螃蟹嘞！又肥又大的螃蟹嘞！"父母为了让孩子们吃好，时常用有限的工资买一些螃蟹、虾子等海产，或者用鸡蛋和卖货人换。这种方法既保证了孩子们成长所需的营养，也使得孩子们大饱口福。

父母不仅注重孩子们的身体成长，同样关心他们的精神成长。从小，父母就经常给杨立伟讲许多英雄故事，于是这个小男孩就在黄继光堵枪眼、董存瑞炸碉堡、邱少云烈火焚身等故事中慢慢成长起来。

很快，杨立伟上幼儿园了，由于从小受到英雄故事的影响，他的心中埋下了一颗富有英雄气概的种子。那时候，孩子们都是自己去上学，不需要爸爸妈妈接送，杨立伟也不例外。有一段时间，小朋友们放学回家总是提心吊胆。为什么？因为经常有一些爱搞恶作剧的大孩子拦路欺负小朋友。他们拦到小朋友后会问："你家里有几个哥哥？"如果小朋友说"我没有哥哥"，他们就会合伙欺负小朋友。要是小朋友说"我有一个哥哥"，或者有数目更多的哥哥，他们就会乖乖放小朋友走，因为他们害怕小朋友的哥哥反过来欺负自己呀！

这天，幼儿园放学了，几个小朋友迟疑地站在幼儿园门口不敢回家。杨立伟好奇地问："你们怎么还不走？"

一个小朋友战战兢兢地回答："我们怕被欺负……"

这时，小杨立伟想到了自己的弟弟："我是哥哥，同样也能保护大家。"一股大哥哥的英雄之气从他心底油然而生。他毫不犹豫地对大家说："我来当你们的哥哥，咱们一起回家！"

小朋友们听了十分高兴，于是跟在杨立伟身后开开心心出了校门。一路上，杨立伟昂首挺胸，充当着大哥哥的角色，那些大孩子看到平时容易欺负的小朋友突然有了领头人，而且看起来还"很厉害"，于是不敢拦小朋友的去路。有了杨立伟这个"哥哥"的保护，小朋友们再也没有被大孩子欺负过。渐渐地，大家都亲切地称呼他为"哥哥"，再长大些后就称他为"杨哥"。而那颗埋在杨立伟心中的"英雄种子"也开始生根发芽……

上小学后，杨立伟认识了很多字，这时候，他对自己的名字有了想法。他想："这个'站立'的'立'真不好听，为什么不叫'胜利'的'利'呢？"想到这里，他的脑海中浮现出黄继光、邱少云、董存瑞等大英雄的形象，于是他立刻告诉自己的父母："我要改名字，我要叫'胜利'的'杨利伟'，不要叫‘站立’的‘杨立伟’！”打这以后，杨立伟逢人便说：“我叫‘杨利伟’。”很快，人们就认识了这个犹如小英雄般的“杨利伟”。

“英雄”一直是杨利伟最喜欢的字眼。小时候不识字，他就听父母讲英雄的故事，上小学后，他努力学习，认识了许多汉字，开始渴望自己看英雄的故事了。于是，买书成了小杨利伟的一大心愿。

“爸爸妈妈，给我买本书吧！”每次路过书店，杨利伟都想对父母说出这句话，但是家里并不富裕，哪有多余的钱给他买书呀！

渐渐地，父母也看出杨利伟对书的渴望，为了满足儿子的心愿，他们省吃俭用，但依旧很难省出钱来给儿子买书。

懂事的杨利伟体会到父母的良苦用心，他告诉父母：“爸爸妈妈，你们不用给我买书，我自己有办法。”杨利伟所谓的办法是什么呢？就是捡废品。只要一有空，他就会去工厂附近转悠，捡一些铁块、铁皮等废金属，然后拿到废品站换钱。就这样，他一分一分地积攒着，只要攒够几毛钱，就会跑到书店把自己喜欢的小人书整套买回来。当他把书拿在手中的时候，心中比吃了蜜还要甜。

通过阅读，杨利伟知道了更多英雄故事，《水浒传》《铁道游击队》《野火春风斗古城》……古今中外的英雄好汉浓缩在薄薄的小人书中，给他幼小的心灵带来巨大满足。“惩奸除恶、报效祖国”的思想一点点灌溉着杨利伟心中那颗“英雄之芽”，也让他逐渐爱上了读书。

随着知识的增加，杨利伟的阅读范围开始扩大。除了看带有图案的小人书外，他还喜欢看文字较多的童话书，不仅喜欢看，还喜欢给其他人讲。

杨利伟的姑姑住在兴城的海滨乡，那是个美丽的海边小村庄，一推开窗就能看到宽阔的大海。学校一放假，杨利伟就会兴高采烈地到姑姑家度假，时间久了，他还和乡下的小孩子交上了朋友。由于条件有限，农村的孩子很少接触一些课外书，而自从认识了杨利伟，大家知道的故事就越来越多了，因为杨利伟是从县城来的，看过许多书，并且几乎能把书上的故事都背下来，从他的口中，大家可以听到许多有趣的故事。

只要一放假，村里的小伙伴就会盼望杨利伟来玩，大家白天一起在海边做游戏，晚上就集体到杨利伟的姑姑家听他讲故事。

“利伟，有没有新故事？快给我们讲讲！”小伙伴们不停地催他。

“上炕！”杨利伟一边招呼大家，一边在头脑中搜寻好故事。

几个小伙伴围坐在温暖的火炕上，聚精会神地听着杨利伟讲故事，有的人听得入神，口水都不由自主地流下来了。

看到大家这么喜欢听故事，杨利伟既开心又神气，于是故意卖起关子：“这时候，突然窜出一个人！”说到关键的地方，他猛地停下来不说了。

小伙伴等得着急，不停地催他：“后面，后面怎样了？”每个人眼中都流露出急切的期盼之情。

杨利伟看到大家的样子，就假装想不起来，慢慢地嘟囔着：“后来是什么来着？后来……”

这个节骨眼上，怎么能忘记呢？大家更急了，摇着他的胳腆恳求道：“哎呀，求你好好想想，后面到底怎么样了？”

“哈哈！”看到大家被逗得如此着急，杨利伟得意地笑了。这时，他才缓缓地开口：“后来呀……”

看到小小的故事能给大家带来这么多快乐，杨利伟非常有成就感。所以，他更加喜欢读书，更喜欢给大家讲书中的故事了。

父亲知道杨利伟喜欢读书，也经常给他讲一些有关家乡的故事。父亲是中文系出身，知道很多历史知识和诗词歌赋。从父亲那里，杨利伟不仅对自己的家乡有了更深刻的了解，也接触到许多优美的文学作品。他最喜欢听父亲讲抗日战争的故事，绥中人民的爱国热情和同仇敌忾的团结之气给他留下了深刻印象，他也希望自己有一天能够成为保家卫国的大英雄。

就这样，杨利伟爱上了打仗游戏。每天放学，他就会和小伙伴们跑到“战场”上“厮杀”。所谓“战场”，其实就是机场附近的一片开阔地。在这里，孩子们可以自由自在地奔跑、嬉闹，一直玩到天黑才回家。

这天放学后，杨利伟和伙伴们照常来到老地方“开战”。大家分成两拨人，很快就打起“仗”来。

“同志们，向敌人进攻！”杨利伟给自己的“战士”打气。他们搜集了许多石块做“弹药”，趴在小土坡后向“敌人”开火了。

正当大家“打”得热火朝天时，突然一块石头从杨利伟手中飞出去，砸在一个男孩头上，鲜血顿时流了出来。男孩“哇”的一声痛哭起来，大家都被吓傻了，好半天才反应过来，急忙将老师找来。

老师带着受伤的同学去医院缝了好几针，然后把杨利伟叫到跟前批评道：“知道自己错了吗？”

杨利伟低着头，心中十分难过，他小声地回答："知道了……"

"作为惩罚，你要用自己的钱给受伤的同学付医药费。"老师严厉地说道。班里提倡勤俭节约，大家的零用钱都存放在老师那里。

"啊？我还要用这些钱买书呢……"杨利伟不情愿地想，可是同学受伤是自己引起的，又不能不管。最后，他只好忍痛割爱，眼看着老师将自己的小猪储蓄罐打破，给受伤的同学付了医药费。

虽然杨利伟为此付出了"惨痛"代价，但是他并没有因此而放弃心中的英雄梦。每年的清明节，学校会组织大家去烈士陵园扫墓，每当看到苍松翠柏掩映下的纪念碑，杨利伟心中就会对革命先烈生出无限敬佩之意。

父亲经常告诉杨利伟："无论将来你在什么地方，都不要忘记自己的家乡。无论你做什么，都要心系祖国。"怀着对英雄的崇拜之情，杨利伟将父亲的话牢牢记在心里。就这样，小小少年伴随着心中的英雄梦逐渐成长起来。

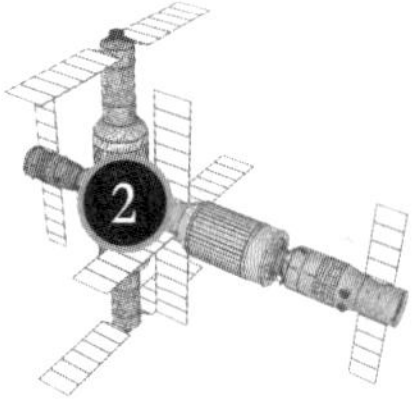

丰富多彩的学生时代

随着年龄的增长，杨利伟的男孩天性逐渐释放出来，在三个孩子当中，最调皮的就数他了。父母都是知识分子，十分注重孩子们的家教和学习，他们要求姐弟三个每天放学后先回家做作业，可是调皮的杨利伟却总是做不到。一放学，他就会和小伙伴们飞奔出去，一口气玩到天黑，最后，总免不了被父母数落一通。有时候把别人家的玻璃打破，还会因此挨揍。即便如此，杨利伟依旧每天过着快乐的日子。

这天，杨利伟和好朋友小胖一起去河里游泳。这是他们经常玩的游戏，但实际上，父母考虑到安全问题，对他三令五申，不许去河里游泳。顽皮的杨利伟才不管这些，只要玩得开心就好。

“小胖，咱们比赛，看谁先游到河对岸！”杨利伟向小胖发起挑战。

“好呀，没问题！”小胖愉快地答应了。

两个好朋友脱掉衣服，光着屁股跳进了河

中，奋力向对岸游了起来。对两个小孩子来说，河面显然有些宽。但杨利伟凭借良好的体力，还是顺利地游到了河对岸。

这时，河中央突然传来小胖的呼救声："大哥，快救我……"

杨利伟回头一看，小胖因为体力不支，渐渐往下沉去。

危急时刻，杨利伟毫不犹豫地奋力向河中央游去，一把拽住了小胖的胳膊。可是他的力量太小了，小胖带着他一起向下沉去，但是杨利伟丝毫没有放松力道，使劲拽着小胖向岸边靠。两个人在水中挣扎了很久，呛了许多水，最后终于靠岸了。

杨利伟用尽全身力气将小胖拖上岸，然后一头躺在了草地上。好长时间，两个人都没有说话，只是大口大口地喘气。一想到当时的情景，两个人的心就怦怦跳个不停。

歇了一会儿后，杨利伟缓过神来，他看了看河对岸，又看了看躺在旁边大口喘气的小胖，说道："怎么办？咱们的衣服还在对岸。"

小胖上气不接下气地回答："大哥……我……我是没力气再游回去了……"

不把衣服拿回来，回家肯定会挨揍，说不定以后再也没法游泳了。杨利伟又鼓足勇气游到对岸，把衣服取了回来。

回家的路上，小胖一直不停地对杨利伟说："大哥，你太勇敢了，要不是你，我就淹死了！"

就这样，这件事成了两个小伙伴心中的秘密，也成了杨利伟成长过程中的一次历练，让他明白了沉着冷静的重要性。

那个年代，玩具对孩子们来说是一种奢侈品，一方面经济条件有限，另一方面父母更希望孩子把心思花在学习上。可是，哪有小孩不爱玩具的？

当大家因为没玩具玩而郁闷的时候，杨利伟开口了：“我们自己来做吧！”

“做玩具？”孩子们面面相觑，“这要怎么做？”

杨利伟想了想，胸有成竹地说道：“放心吧，包在我身上！”

说干就干，回到家后，杨利伟就开始钻研起玩具的做法。他用木头削手枪、做弹弓，将木棍和钢锯条组装起来做滑冰穿的冰鞋，这些小玩意儿立刻引起小伙伴的好奇心，在他的带领下，大家都开始尝试动手做玩具。

一次，杨利伟对弟弟说：“我给你做一辆玩具车吧！”弟弟听了很高兴，一心盼望着哥哥快些做出玩具车来。杨利伟随即找来工具，动手做了起来。他又是做车轮，又是安刹车，反反复复做了两个多星期，依然没有完工。

这时，弟弟有些耐不住性子了，他对哥哥说：“哥，算了吧！”

可是杨利伟丝毫没有放弃的打算，他依旧一边琢磨一边做，最后终于成功做出一辆别致的玩具车。兄弟两人高兴地带着车子出了门，一下子就被小伙伴围了起来，大家七嘴八舌地议论开来，都对杨利伟赞不绝口。

杨利伟不仅会做玩具，还非常会玩。冬天到了，大家都去小河上溜冰，杨利伟也偷偷地带着自己做的冰鞋来到河边。看着其他人玩得不亦乐乎，杨利伟也迫不及待地穿上冰鞋加入其中。可是他刚一起身，就摔了个大马趴，引来一片哄笑声。

“笑什么？我一会儿就能学会！”杨利伟毫不在乎地说道。他仔细地看着别人滑，然后又凭自己的感觉试着学，经过一番实践探索，很快就掌握了滑冰技巧。不到半天时间，他已经能够在冰面上自由滑行了，那技术丝毫不比其他人差。大家看杨利伟这么一会儿工夫就学会了，忍不住夸赞道：“真厉害！”

杨利伟不仅爱动手、动脑，还很会玩，因此大家都非常喜欢和他在一起。渐渐地，他身边的朋友变得越来越多，俨然成了小伙伴中的“孩子王”。

父母看到杨利伟如此调皮，有些不放心，于是对他的要求更加严格了。不过玩归玩，杨利伟并没有耽误学习，在父母的教导下，杨利伟凭借聪明的头脑学得还不错。上小学四年级后，老师推荐杨利伟参加数学竞赛，没想到他轻而易举地拿了奖。此后，杨利伟又陆陆续续参加了好几次比赛，得到了很多写着大大“奖”字的本子。老师看着平时调皮的杨利伟，忍不住调侃道：“你这淘气包淘归淘，学习倒还是不错呀！”

就这样一路玩一路学，杨利伟顺利考入了一所重点初中，并且进入了重点班。初中生活与小学生活截然不同，但是杨利伟很快就适应了新的学习环境。他对数学和物理这两门功课产生了浓厚兴趣，逐渐在理科方面崭露头角。很多对理科感兴趣的同学通常学习语文很吃力，但是杨利伟却不同，他的语文成绩很好，尤其是作文，这与他爱读书的好习惯有着密不可分的关系。此外，中文系毕业的父亲也给予了他很大的帮助。

虽然功课变得多起来，但是杨利伟从来没有忘记过心中的梦想。小时候，“英雄梦”一直萦绕在杨利伟的心头，但那只是对英雄的单纯膜拜，真正使他的“英雄梦”化成具体形象，要归功于一部电影——《林则徐》。

这天晚上，杨利伟和伙伴们结伴去看露天电影。回到家后，杨利伟神情严峻。母亲看到儿子这副表情，好奇地问道：“今天看的什么电影呀？”

杨利伟回答说：“是《林则徐》。”

平时看了电影，杨利伟都会给父母讲里面的精彩场面，然而这次他却只说了电影名就闭口不言了，好像在想什么心事。母亲接着问：“电影好看吗？有没有学到什么？”

杨利伟沉思了片刻，严肃地对母亲讲道：“妈，我以后要当一名军人，像林则徐一样勇敢地同敌人抗争。到时候，我会率领最好、最强的军队保卫国家，这样我们就不会被外国人欺负了！”

听到杨利伟的回答，母亲惊呆了，她看着眼前一脸稚气但表情认真的儿子，仿佛感觉他突然长大了。

随着年纪的增长，杨利伟渴望成为一名军人的念头日渐强烈。一次语文考试，杨利伟写了一篇作文，题目是《周总理接见了我》。判卷老师看着看着就笑了起来，对其他老师说：“嘿！这名学生写得还真像那么回事！”在作文中，杨利伟不仅详细地描绘了一幅和周总理相见的激动画面，而且还将自己的理想融入其中。

原本以为这只是学生胡编乱造应付考试的一篇文章，没想到在最后，杨利伟笔锋一转，说“这只是个梦”。判卷老师激动地嚷起来：“太绝了，这是篇好文章呀！”

其他老师看后也纷纷叫绝，后来这篇作文被选入了当时的“初中作文选”，杨利伟成了大家眼中的小明星。

虽然平时总是很顽皮，但是杨利伟明白学习的重要性。那时候，晚上停电是常事，没有光怎么学习呢？蜡烛的价格比较高，用起来也比较浪费，没办法，杨利伟就点着煤油灯看书。夏天的时候，他总是晚上借着煤油灯学习，第二天早上则“灰头土脸”地起床；冬天情况就比较好一些，他就搬着小凳坐在火炉旁，既可以烤火，也能借着火光读书。

尽管学习条件比较艰苦，但是杨利伟的成绩之前一直保持得很好。升入初二后，杨利伟的成绩却渐渐由出类拔萃转为平淡无奇了。这时候，杨利伟进入了每个孩子都会面对的时期——青春期。同其他青春期的孩子一样，杨利伟也开始变得有些小叛逆，成绩因此出现了波动。他开始暗中和师长作对，如果大人对他看得紧了，他的成绩就会下滑；如果没有人对他说什么，他的成绩又会上浮。

母亲是中学教师，和杨利伟的许多老师都很熟识。因此，母亲对儿子在学校的生活还是比较了解的。无论是老师还是家长，大家似乎都发现了杨利伟的变化。

这天，老师正在讲课，杨利伟闲来无事就拿着笔转了起来。很快，这个小动作吸引了老师的目光，她快步走下讲台，将杨利伟的笔没收了。

“我又没说话，凭什么没收我的笔？”杨利伟愤愤地想。这时，心中的小叛逆开始作祟，他一声不吭地从铅笔盒拿出另一支笔，再次转了起来。

老师看到他还在玩，于是将这支笔也没收了。

就在老师转身的瞬间，杨利伟再次不声不响地拿出第三支笔转了起来，结果又被老师没收了。就这样，老师一连没收了杨利伟四支笔！最后，两个人都气得够呛。

放学后，杨利伟带着一肚子闷气回到家。吃过晚饭后，老师来了。她将一捆笔放在杨利伟的父母面前，开始“告状”：

“你说这孩子，上课转笔玩儿，我没收他一支吧，他也不吭气，接着拿其他的玩。你们说说，他这是想什么呢？这不是故意怄气吗？”

老师说的都是事实，杨利伟在一旁低着头默不作声，心中却早已翻江倒海：“完了，这次肯定又要挨训了。”

送走老师后，父母把杨利伟叫到跟前。每当犯错，父母都会根据事情的严重程度对杨利伟进行教育，这次也不例外。父亲动手打了杨利伟，这是杨利伟人生中最后一次挨打。事后，父母对他说：“你已经长大了，以后爸爸妈妈不会再打你。但是有件事你必须明白，社会上的任何事情都是有规则、有纪律的，你可以在规则、纪律中自由自在地做事，但是一旦超越了这个界限，你就要付出相应的代价，比如说挨训、挨打，严重的话还会影响你今后的生活。所以，无论什么时候，爸爸妈妈都希望你能够理智做事、踏实做人，遵守应该遵守的规则和纪律。”

通过这件事，杨利伟的内心变得成熟起来，他开始认识到纪律的重要性，同时努力克服了青春期的叛逆心理。父母除了对他的学习要求同以前一样严格外，其他各方面都尽量让他自己来做决定，这给了杨利伟很大的自由发挥空间，使得他养成了独立自主的好习惯，并为今后的发展奠定了坚实的心理基础。

梦想开始启程

时光荏苒，一眨眼，杨利伟已经是一名即将毕业的高中生了。在紧张的学习氛围中，1983 年的春天悄然而至。“再过几个月，我就 18 岁了。”杨利伟从书本中抬起头，看着窗外刚刚萌芽的树木，思绪开始随春风飘散开来……

小孩子的梦想总是层出不穷，幼年时期的杨利伟同样如此。一天，杨利伟正在和小伙伴一起玩耍，其中一个小孩问：“你们说，火车和汽车哪个更长些？”

那时候，大家很少在日常生活中见到火车、汽车这样的交通工具，要回答这个问题，只能凭感觉猜测。有的孩子说：“当然是火车长！”有的孩子反驳道：“不对，汽车比较长！”就这样，大家你一言我一语地争执起来。

最后，杨利伟开口了：“吵什么？咱们自己去看看不就知道了！”

杨利伟的话得到大家一致同意，于是几个

小朋友徒步向火车站进发了。

中午，母亲喊杨利伟回家吃饭，结果在院中找了好几圈也没看到儿子的身影，别说杨利伟了，就连其他小孩子都没看见。“孩子们去哪里玩了？”母亲有些困惑，又有些担心，不过想到杨利伟比较懂事，应该出不了什么意外，她又放心了。

到了下午，孩子们回来了。大家看起来很疲惫，但是十分高兴。母亲一见到杨利伟就急切地问道：“你跑哪玩儿去了？吃饭都找不到你！”

杨利伟笑呵呵地告诉母亲：“我们去火车站了，去看看到底是火车长还是汽车长。”

听到儿子的回答，母亲有些哭笑不得，没想到这些孩子为了这么一个简单的问题，会亲自跑到离家几里地的车站去。“那结果呢？”妈妈接着问。

“当然是火车长了！火车有好几节呢！”于是，杨利伟兴奋地给母亲描述了自己看到的火车，并对那个庞然大物产生了无限向往。

一次，杨利伟和伙伴们去看电影《铁道游击队》，回来后就和小伙伴们模仿游击队员的英雄行为玩起了打仗游戏。他们无数次跑到火车站看火车呼啸而过，这时候，一个念头出现在杨利伟的脑海中：“要是我能当上火车司机，开着这个大家伙去任何地方，那该多威风呀！”这个梦想在杨利伟心头萦绕了很久，很久……

杨利伟不仅对火车感兴趣，还对飞机有着深厚的感情。在杨利伟家附近，有一个机场，那是绥中县的一个海军机场。平日里，杨利伟经常和小伙伴们在机场旁边的开阔地玩耍。在这里，他经常能看到巨大的飞机腾空而起，在阳光的照射下发出耀眼的银色光芒；当飞机从天而降、平稳着陆后，他又会看到高大的飞行员排着整齐的队伍从飞机上下来，他们穿着笔挺的飞行衣，戴着统一的飞行帽，雄赳赳气昂昂地从机场穿过。“真神奇呀！要是我也能飞翔该多好！”杨利伟心想。

很多个晚上，杨利伟梦见自己变成了一只鸟，在蓝天上展翅飞翔；又梦见自己变成了小猴子，在树上跳来跳去。早上醒来后，他告诉母亲：“妈妈，我又在梦里飞了！”母亲则笑着拍拍他的头说：“是吗？这说明你又长个子了。”

对于母亲的解释，杨利伟不以为然。于是，他开始关注机场，关注和飞行有关的一切活动。有时候，他在机场旁边的空地上一站就是几个小时，全神贯注地看着飞机从自己头顶呼啸而过，或者在空中表演各种动作。最让他心驰神往的就是看飞行员跳伞，在高高的天空中，飞行员背着降落伞从飞机上勇敢地跳下来，雪白的降落伞仿佛是飘浮在蓝天中的蒲公英，慢慢地飘落在大地的某个地方……每当这个时候，杨利伟的心就随着降落伞飘向远方：“总有一天，我也会在蓝天上翱翔……”

上初中后，杨利伟依旧经常和同学们跑到机场玩。慢慢地，他们不再玩简单的打仗游戏，而把目光投向了机场上的训练器械。有时候，大家可以在比较近的地方看飞行员训练，每次杨利伟都会非常仔细地观察飞行员们的一举一动。

这天，飞行员的训练结束了。在一旁观看很久的杨利伟心血来潮地对同伴们说道：“咱们要不要试试看？”说着，他用手指了指不远处的训练器材。

听到杨利伟的建议，大家内心蠢蠢欲动，于是兴奋而又忐忑地爬上了一架滚轮。然而，第一个同学刚上去没几分钟，就大喊大叫道：“不行了，快放我下来！”这个同学一下来就趴在一边呕吐起来。

其他同学在一旁起哄：“你真不行！”于是，又有一个人爬上去尝试。结果，不仅第二个同学，大家几乎都撑不了几分钟，下来后呕吐不止。眼看大家就要“全军覆没”，杨利伟爬了上去。他转的时间最长，下来后竟然没有什么不舒服的反应！

大家有些难以置信地看着杨利伟，然后又鼓动他试一下其他器材。杨利伟也不推辞，很轻松地尝试了其他器材。

“绝了！”大家一个个目瞪口呆地望着杨利伟。

杨利伟心中一阵得意，他暗暗想：“原来，飞行员能做到的事，我也能做到。”这让他心中又生出一个愿望：“长大后，我要当飞行员。”

随着时间的流逝，《铁道游击队》的影像渐渐从杨利伟心中淡去，想成为火车司机的梦想也渐行渐远，然而唯一不变的是成为一个飞行员的军人梦。

很快，杨利伟升入高中，迎来了紧张的学习生活。许多同学把上大学作为终极目标，铆足了劲儿学习，而杨利伟在学习的时候却无法忘记成为飞行员的梦想。他照常一有空就去机场看飞行训练，只要一看到飞机从头顶呼啸而过，所有的学习压力就会烟消云散。

高中生活开始后不久，杨利伟就交到了许多好朋友，他发现其中一个朋友的父亲竟然就是飞行员！杨利伟兴奋极了，他把自己的梦想告诉了同学，同学就偷偷从家中把父亲的飞行头盔拿出来给杨利伟戴。这是杨利伟第一次戴飞行帽，他闭上眼，感觉自己整个人好像飞了起来……

一天，这位同学告诉杨利伟：“我爸爸今天在家，你来我们家玩吧！”

杨利伟怀着激动的心情来到同学家，见到了同学的父亲。

“听说你非常喜欢飞行？”同学的父亲和蔼地问道。

“对，我的理想就是当飞行员！”杨利伟兴奋地回答。

“哈哈。”同学的父亲笑呵呵地拍了拍杨利伟的肩，继续说道，“有志气！走，我带你们去我的办公室看看！”

“真的吗？太棒了！”杨利伟一阵欢呼，开心地跟着同学的父亲来到了机场办公室。

在这里，杨利伟第一次触摸到飞行装备，他还看到办公室中陈列着各种各样的飞机模型。当同学的父亲办公的时候，杨利伟就会在一旁安安静静地翻看那些军事书籍，他感觉自己仿佛回到了母亲的怀抱，内心平静极了……

“丁零零——”一阵急促的铃声将杨利伟的思绪拉了回来。这时，学校教导主任走进班里，大声地说道：“同学们，今天空军招飞办来咱们学校招飞行员，大家有意向的话可以报名试一试。”

听到这个消息，杨利伟心中一阵惊喜：“太棒了！实现梦想的机会到了！”刚才还在为自己的梦想纠结，现在机会就来了，这让一向不相信宿命的杨利伟也不得不为命运之神的安排而感叹。

报名时间有限，杨利伟没有来得及回家同父母商量，就一溜小跑地向报名的办公室跑去。当他的左脚刚刚迈入办公室的大门时，恰巧响起了铃声。几乎所有人的目光都集中在了杨利伟身上，一个招飞办工作人员开玩笑说："嚯！你来得还真及时，一下就把电门踩响了！"

杨利伟不好意思地冲众人笑了笑，赶紧走进办公室。他将办公室环视了一周，嗬，人可真多呀！有学校老师、武装部工作人员、招飞办领导……连县医院的医生都来了！

"原来，报名就是初选呀！"杨利伟心想。他看着这一屋子的人，心中不免有些紧张。

这时，杨利伟发现一位神情威严的人正在打量他。"这个人没有穿军装，应该是招飞办的面试人员。"杨利伟暗暗猜测。

"嗯，从身高、体重来看，这个同学够了。"对方一开口，立刻引起了众人的注意。杨利伟想："这位应该是领导。他说我'够了'，应该没什么大问题了吧！"他心中暗喜。

接着，招飞办的领导开始给同学们讲话，之后老师以及其他部门的负责人也作了一番动员。最后，同学们排好队开始进行简单的体检。很快，初选名单确定了，大约有六十位同学入选，杨利伟就在其中。

得知这一消息，杨利伟兴奋极了，一放学，他就飞快地跑回家告诉母亲："妈，今天招飞办去我们学校招生，我通过初选了！接下来要去锦州市做全面体检！"

母亲听到这个消息，高兴之余又有些犹豫，她想了想，对杨利伟说道："既然这样，你就和大家去一趟吧！不要在意最后的结果，就当做是一次健康检查。"

听了母亲的话，杨利伟点了点头。他知道这项体检一定很严格，能不能通过还说不准。"好，不管结果怎样，就去试一试！"他给自己打气。

说是体检，其实就是复选。这一天，杨利伟和同学们来到锦州解放军 205 医院，正式进入复选阶段。

体检的内容很多，其中一项是坐转椅。轮到杨利伟了，他刚在椅子上坐稳，医生就猛地转动椅子，片刻后又突然停住。“起身站好。”医生对杨利伟说道。

杨利伟立刻从椅子上起身，笔直地站好了。

医生点了点头，接着问道：“请用手指出北方在哪。”

很快，杨利伟就准确地指出了北在什么方向。

这一关，杨利伟顺利通过。然而其他同学并没有这么走运，许多人被转得晕头转向，没有通过测试。这不由得让杨利伟联想到在机场玩过的训练器械：“看来，并不是所有人都能适应这种旋转啊……”

最后一项体检测试是检查眼睛，医生给同学们做了散瞳。测试结束后，每人领到一副墨镜，按照医生的叮嘱，墨镜要一星期后才能摘掉。复试结束了，人数缩减为二十人，杨利伟再次成功入选。

就这样，杨利伟戴着帅气的墨镜和其他同学一同回到了学校。当他自豪地站在母亲面前时，母亲甚至有些不敢相信。不久，杨利伟又参加了第三次选拔，结果一出来，他激动地欢呼道：“我要当飞行员了！”

杨利伟通过了三项测试，成为绥中县仅剩的六名入选者之一。母亲郑重地对杨利伟说道：“这件事，咱们还得跟你爸爸商量下。”于是，她给出差在外的丈夫发了一份电报。

在等待父亲归来的时候，杨利伟感觉度日如年，他有些担心：“爸爸妈妈一直希望我上大学，要是当飞行员就与他们的意愿相违了，而且飞行员是一项十分危险的职业，爸爸妈妈会同意吗？”经过一番深思熟虑，杨利伟决定了，即便父母不同意，他也要想办法说服他们。

父亲赶回来后，全家人召开了一次家庭会议。

“利伟，这件事你真的考虑清楚了吗？”平日一向严肃的父亲，此时此刻却毫不掩饰对儿子的关切之情。

杨利伟用力地点点头，回答：“是的，我已经决定了，一定要当飞行员。”

父亲沉默了，许久他缓缓开口：“既然这样，你就报名吧！”他看了一眼妻子，接着说道：“利伟喜欢，咱们也就不拦他了，不然以后大家都会后悔的。”

“爸爸妈妈，谢谢你们的支持！我一定会好好表现的！”杨利伟被父母的通情达理感动了，此刻，他的内心汹涌澎湃：“我的梦想终于成真了！”

在接下来的日子里，杨利伟又参加了智力测验和文化考试，凭借较为扎实的文化功底，这关键性的一关也被他顺利攻破了！“我成为真正的飞行员了！”杨利伟接到录取通知后，心中感慨万千。这一刻，他的梦想开始启程。

汗水和收获同行

1983 年 6 月，绥中县的火车站热闹非凡。杨利伟和其他几位被录取的同学在亲人朋友的欢送下，登上了通往梦想的列车。这是杨利伟第一次单独坐火车，他怀着兴奋而忐忑的心情看着沿路的风景，开始设想航校的生活。

到达沈阳后，杨利伟领到了一套军装，他迫不及待地将军装换上，心里高兴极了。衣服是换好了，可这行军背包怎么打呢？几个人互相看了看，犯了难。这时，同行的武装部领导开口了：“来，我给你们打！”说着，他两手一挥，像变戏法似的将背包打好了。

“好厉害！就像电影中的红军一样！”杨利伟心中一阵惊叹。他以前只在电影中看到过如此整齐的行军背包，没想到这次亲眼看人打了一回。一想到自己以后也能学会这一招，他的内心更加欢喜。

在沈阳和其他学员会合后，杨利伟终于踏上了开往保定航校的列车。6 月 11 日，学员们

到达目的地。报到结束后，大家立刻投入到全新的军人生活中。因为是第一批报到的学员，所以大家担负起打扫卫生的任务。所有的学员开始学习整理内务，大家扫地、擦玻璃……忙得不亦乐乎。虽然打扫是一件辛苦的事，但是杨利伟丝毫不觉得累，他觉得自己的身体中好像安着发条，总有使不完的劲儿。

不久，所有的学员报到完毕，杨利伟被分在了第 15 学员队中的 10 班，这一刻，他仿佛觉得自己一下子长大了，心中多了一份军人的刚毅。

早上 6 点，嘹亮的起床号响起，前一秒还安静得犹如深潭的校园，这一秒立刻变得沸腾。楼下响起金属哨声，区队长们为各自的队伍下达命令，无论是老师还是学生，都在听到起床号的那一刻行动起来。

杨利伟记得前一天队长教过大家如何穿军装，他用最快的速度穿好背心、套上制式短袖上衣，然后将武装带扎在腰间，最后抓起帽子随同人流冲出房门。

区队长早已在楼下等待大家集合。

“立正——”区队长发出第一个命令。

这时，所有的学员像石雕似的原地不动了。大家神经紧绷，原本残留的睡意一下子全没了。

“向右看——齐，向前——看！”区队长的口令一个接一个地喊出，队伍立刻出现一阵短暂的小骚动，片刻后所有人再次站好。

区队长严肃地扫视着集合完毕的队伍，心中十分不满。为什么？队伍中有的人没系扣子，有的人手提腰带，有的人没戴帽子……状况百出。

“谁没带全东西，打报告！”区队长一声大吼。

“报告，忘记穿上衣！”

“报告，忘记拿腰带！”

…………

队伍中忘记带东西的声音此起彼伏，听到五花八门的报告，有的人还忍不住“扑哧”一声笑出来。

区队长听着大家的报告，又愠怒又无奈：“你们不是忘了带东西，而是忘了把脑子带出来！给你们30秒钟，马上拿全东西集合！”

队员们听到命令“呼啦”一下奔回宿舍……第一天的航校生活就在这小小的混乱中展开了。

早操结束后，全体学员回到宿舍开始整理内务，杨利伟迅速地洗漱完毕，然后整理起自己的床铺，正当他绞尽脑汁想把自己的被子折出棱角时，早饭哨响了。

“各队马上集合，去食堂。”教员的声音再次响起。

“啊，我还没刷牙呢！”

“我的被子还没折！”

…………

学员们一边抱怨一边手忙脚乱地结束手头的事情，匆匆奔出房门，列队向食堂行进。

到达食堂，第一件事是唱歌，然后按命令整齐落座。杨利伟神经紧绷地听着，当“开饭”的口令出现后，他立刻和大家一齐埋头吃起饭来。杨利伟吃得很快，他知道就餐时间只有几分钟，到时候就不能再吃了。果然，不一会儿值班员就开始提醒大家：“最后两分钟！”没有吃完的人慌忙将剩下的饭统统塞进嘴巴，然后鼓着腮帮子用最快的速度把碗洗完，跑步撤出食堂。

出了食堂门，杨利伟和学员们又回到宿舍，继续整理没有整好的内务。

除了日常生活是井然有序的，航校的其他训练也是早已安排好的。作为新学员，首先迎接大家的是“定型训练”，这一训练是成为合格军人的必备功课。它主要包括四个方面：首先是政治思想教育，这个方面要求学员们明确自己的人生观、价值观，并深刻了解一切与学校、军人有关的思想；其次是条令条例教育，通过这一方面的学习，学员们要谨记各种条令、规章制度，完成向军人的转变；再次是军事基础训练，学员们要从中学习各种战术、射击等内容，掌握基本的军事技能；最后是体能训练，专门考验学员们的耐力，帮助学员提高自身素质、超越自我。

杨利伟知道，航校的学习生活与以前的学校生活是截然不同的。“接下来的训练一定非常严苛，无论如何，我都要全力以赴。”杨利伟在心中提醒自己。

事实证明，杨利伟的预感是正确的。在接下来的日子里，无论是正常训练还是日常生活，所有的事情都安排得很紧凑。许多学员忍不住向队长抱怨：“感觉时间都不够用，这样的生活太紧张了！”

队长却告诉大家：“有什么紧张的？所有人都是按照同样的步伐前进，这就是纪律。只不过你们以前太过懒散，一时间无法适应。等过两个月再看，你们就会明白了！”

在训练中，最让杨利伟感到刻骨铭心的就是队列训练。炎炎烈日下，队长发出了站军姿的口令，一时间，所有人绷紧了肌肉，一动不动地站着。

“注意姿势，抬头、挺胸、收腹！”队长不断强调着站姿。“你，两腿挺直！”看到有人姿势不规范，队长会毫不留情地敲打犯规的部位。

“注意手，要压紧裤缝！”队长一边纠正学员的动作，一边说道，“谁都别想偷懒，你们的每个动作，我都看得一清二楚！现在只不过才站了 10 分钟，离结束还早得很！”

杨利伟笔挺地站着，不敢有丝毫懈怠。“时间过得真慢呀！”他感觉自己的身体被烈日烤得要冒烟了，脸上的汗水像小溪一样流淌不停。他能感觉到身上的每个毛孔都在向外冒汗，不一会儿，汗水就渗透了厚厚的军装。

“还有 20 分钟，坚持住！”队长高声喊道。

这时，杨利伟已经感觉不到汗水在流动，因为烈日早已将体内的水分蒸发完毕，只给他留下干渴难耐的感觉。

“时间到，休息！”队长终于喊出了学员们盼望已久的声音。

然而，所有人依然站着不动，长时间的站立让大家的身体变得麻木，一时间竟无法屈膝弯腰！

当一天的训练结束后，学员们的衣服都留下一圈圈仿佛云彩般的白痕，那是汗水蒸发后结出的汗碱。杨利伟原本想在休息前先把衣服洗干净，可是一回到宿舍，他就像其他学员一样累得躺倒在床上，不要说洗衣服了，就连洗漱都来不及完成就睡过去了。就这样，杨利伟渐渐适应了疲惫而充实的航校的生活。

起初，大家以为除了日常的军事训练、体能测验、政治教育外，很快就可以学习飞行技术。然而一周后，学校向大家宣布：

“入校摸底考试即将开始，如果文化成绩达不到标准，将会被要求退学。请大家努力复习功课。”

这个消息一公布，学员们立刻炸开了锅。训练结束后，人人抱着书本苦读。杨利伟也不例外，只要一有空，他就会坐在小马扎上看书。由于以前的文化基础还算扎实，这次的考试达到了中等水平。

不久，学校又通知大家，一个月后还会有一次文化考试。杨利伟对这次的成绩并不是很满意，于是对自己的要求更加严格了，他给自己定下目标，一定要冲进队伍的前面。功夫不负有心人，杨利伟的努力得到了回报，第二次考试，他的成绩在班里名列前茅！

这时，又一个好消息传到杨利伟耳中：父亲来了！原来，父亲正好来河北出差，便顺路来看看他。

见到父亲，杨利伟高兴极了。“家里怎么样？大家都好吗？”他迫不及待地向父亲询问着家里的情况。

看到儿子一下子长大了许多，父亲心中十分欣慰。

这时，队领导笑呵呵地对杨父说道：“杨利伟同学在训练中表现十分刻苦，而且文化成绩在班里也是名列前茅，是个优秀的学员呀！”

听到队领导对儿子大加称赞，父亲对杨利伟在学校的生活放心了许多。临走的时候，他对杨利伟说：“爸爸妈妈不在你身边，你要自己照顾好自己，好好表现，不要辜负大家对你的期望。”听着父亲的话，杨利伟认真地点了点头。

很快，杨利伟已经完全适应了学校的生活。他一边努力训练，一边用功读书，由于表现优异，很快被任命为副班长。“能管住学员们吗？”队长私下偷偷问杨利伟，因为杨利伟个头比较小，他担心学员们会不听管束。

“放心吧，队长！没问题！”杨利伟信心十足地回答。

事实上，队长的担忧完全是多余的，因为杨利伟凭借严格的自律和认真的态度，很快就赢得了学员们的信赖，成为大家的好榜样。

当上副班长以后，杨利伟要管理的事情渐渐多了起来，但是他的各项表现依旧很好，尤其是学习。要说他有什么秘诀，那就是多读书。除了看教科书外，杨利伟还会看很多课外书。无论是哪个学员有了好书，大家都会争相传阅。由于书少、看的人多，所以大家看书都是争分夺秒的，白天没时间看，就在晚上挤时间。有的人在值班的时候看，有的人则偷偷打着手电在被窝里看。但是，后者的行为属于违纪，要是被领导抓住会受处罚。因此，大家在看书的时候都会提防着领导查房。

这天，书传到了杨利伟手中。晚上，他在被窝里展开了“秘密行动”。正当他看得起劲儿时，被子突然被掀开了，队长赫然站在眼前！

“杨利伟，你知道自己的行为是违反纪律吗？”队长严厉地批评道。

杨利伟默默地点了点头。

“把书交出来！没收！”队长一边说一边向杨利伟伸出手来。

“啊？队长，您不能没收这本书！”杨利伟急了，这是当时最流行的武侠小说，很多同学还没来得及看呢！要是被没收了，怎么跟大家交代？

队长看到一向自律的杨利伟竟然敢违抗命令，气得眉毛都竖起来了："杨利伟，你这是在违抗纪律，身为副班长，你觉得自己的行为合适吗？以后还怎么给大家做表率？"

队长的批评让杨利伟很难过，他知道自己做得不对，最后还是懊丧地将小说交给了队长。

第二天，杨利伟垂头丧气地起床。训练结束后，队长找到他，又把书还了回来。接过书，杨利伟一脸惊讶。这时，队长开口了："虽然熄灯后看书是违反纪律的行为，但是你接受了批评。离下一次考试没有多长时间了，你要自己拿捏好尺度。"

杨利伟感激地看着队长，坚定地说道："队长，我一定不会辜负大家的期望！"

事后，杨利伟更加努力地学习，最后以全校第一名的成绩成功通过了理论考试，用实际行动证明了自己的决心。

此后，杨利伟时刻规范自己的行为，无论是起床、吃饭，还是训练，他严格按照规定办事。他知道，遵守纪律是军人的天职，如果忽视纪律的重要性，就不能称为合格的军人。杨利伟就这样不断严格要求自己，逐步成长为一名真正的军人。

5 精彩的校园生活

航校的学习生活很严格，每个人的神经都是紧绷的。但是经过一段时间的训练，大家很快就适应了。正如刚入学时队长说过的话：“只不过你们以前太过懒散，一时间无法适应。等过两个月再看，你们就会明白了。”现在，大家早已褪去新兵的稚气，成为钢铁般坚强的战士。每个人都严格按照纪律行事，举手投足间散发着军人的气质。

在外人看来，航校的生活似乎有些枯燥乏味：每天定时定点睡觉、起床、洗漱、吃饭、训练……就连给家里写封信都有规定。然而，学员们却不这么认为。当大家适应这样的生活后，便开始享受其中的丰富多彩了。

同其他军校、部队一样，航校里几乎是清一色的男性，这让正值青春年少的学生们多少有些遗憾。闲暇之余，有的同学开玩笑说：“咱们这些绿草中间，啥时候能开出几朵鲜花呀？”大家一阵哄笑。

这时，有人开口了："哎，谁说咱们学校没有鲜花？你们忘了，咱们的服务社就有呀！"

这句话犹如一阵春风，立刻将大家吹得苏醒过来。"对啊，咱们学校也是有女兵的！"大家兴奋地嚷嚷着。

于是，大家把注意力集中在了晚自习前的一小段时间中。吃完晚饭后，大家争先恐后地向学校的服务社拥去，有的人是去买东西，但更多的人是去看女兵的，这时候，小小的服务社就会变得热闹非凡。杨利伟和大家装作要买东西的样子，一边在服务社转悠，一边注意着时间，因为他们要在八点晚自习开始前赶回去。尽管时间十分紧张，但是大家乐此不疲地往返于服务社和教学楼之间，这块小小的地方就像一道彩虹，给学员们的生活增添了许多光彩。

不久，学员们发现除了服务社的女兵，学校还有其他女同志，她们都是一些被停飞的女飞行员。论资历，这些女兵可以说是杨利伟他们的学长，负责给同学们播放电影或者播音。这一发现犹如哥伦布发现新大陆，让大家的士气大振，只要女学长一出现，大家就会情不自禁地把注意力集中在她们身上。

这天，学员们正在操场上专心致志地训练。突然，几位女学长提着水瓶出现了，大家的目光不由得被吸引过去，教员还没下口令，大家的头就随着女兵的身影转了过去。

"这群小鬼头……"教员看透了大家的心思，于是大声地喊道："全体，向右看——齐！稍息！"

大家听到教员的口令，迅速将头甩向右边。这时，教员低声地说了一句："行了，你们看吧。"大家这才明白，原来教员是为了满足大家的好奇心呀！

不一会儿，女兵的身影渐行渐远，逐渐走出了学员们的视野。这时，教员立刻严肃地下了口令："立正！"大家的注意力马上回到了训练中。

"好了吗？"教员大声地问道。

"好了！"学员们整齐、响亮地回答。

教员满意地点点头："继续训练！"

当天的训练同往常一样辛苦，但是大家对教员的宽容非常感激，因此表现十分好，每个人的心中都有使不完的劲儿。

虽然航校的管理很严，但是大家依然能够发现许多有趣的事情。每当周末来临，许多人都会按捺不住心中的喜悦，早早地期盼着自己可以得到外出的名额。

"班长，我的参考书不够用，需要去书店买。"

"班长，我要给家里寄东西。"

…………

学员们的理由五花八门，其实大家都心知肚明，除了一小部分人是处理正事外，剩下的那些人则以逛街为主，为的是了解一下外面的变化。当周末来临时，领到出入证的学员起得很早，他先认真地梳洗打扮一番，然后不时地问大家："这样行吗？"这时，大家就会不耐烦地说："行了，行了！快出门吧！"就这样，在大家的催促声中，要外出的学员得意地出发了。等他一回来，大家就会立刻围拢过来："快说说，今天都遇到了哪些事？"于是，刚回来的学员就为大家讲现在流行什么、商店里有哪些有趣的东西等等。

尽管平时的训练很紧张，大家几乎没有多余的时间来发展个人爱好，但是大家依旧能够从百忙中挤出一点空闲。有的同学喜欢明星，于是从书报上剪下明星的照片贴在本子上。有一次，一名同学贴有明星照的本子被队长发现，结果队长生气地将本子撕掉，并严厉地批评了这名同学。有了这个教训，大家进一步明确了学校的纪律：有些社会上流行的事物是不能出现在校园中的，每个人都应该严格要求自己，拒绝“不健康”的书籍和音乐等，只有这样才能保持校园的良好风气。

虽然学校对大家的要求很多，但并不限制大家发展健康的个人爱好。杨利伟一如既往地保持着好胜的个性，无论大事小事，他都尽全力做到最好。在紧张的校园生活中，他最感兴趣的事情就是读书、听歌和运动，只要一有空，他就会将自己的精力投入到这些事情中。正是因为有这些爱好，他的学习和业余生活变得十分精彩。他认真、严谨的学习态度，赢得了教员和同学们的一致好评。

由于表现优异，杨利伟被调到了有名的尖子班6班。这对杨利伟来说可谓是一件大喜事。为什么？因为除了自己的努力得到大家的肯定外，他还能在每个周末光明正大地外出！

在众多班级中，6班的表现一向突出，赢得了上级领导的一致认同。于是，领导给6班下达了任务：每周日去保定火车站开展‘学雷锋’活动。这项任务让杨利伟兴奋不已，以前在10班，外出的名额有限，要想外出，他得耐心地等上差不多两个月的时间，幸运的话他能顺利外出，要是那天突然赶上班里或者学校有特别活动，他就只能再等上很长时间。而现在，他可以每周都外出，更重要的是，他可以接触到很多人，为社会贡献自己的力量。

“学雷锋”活动进行得很顺利，大家有的为他人修理自行车，有的帮忙打扫卫生，尽管有点累，但是每个人心中都很高兴。杨利伟的拿手活儿是理发，一到车站，他就把椅子、水盆、毛巾等工具准备好，开始给路人免费理发。一开始，人们看着这个小伙子年纪轻轻，难免有些怀疑："小伙子，你会理发吗？"

杨利伟信心十足地回答："当然会，我在学校经常给同学们义务理发，技术虽然不及专业的理发师，但是绝对不差，您就放心吧！"

看着热心的杨利伟，有人豪爽地说："来，先给我理一个。"

于是杨利伟马上拉开架势，认真地给路人理起发来。很快，头发理好了，路人照了照镜子，满意地说道："不错呀，小伙子！"

原本有些人还心存顾虑，但是当他们看到杨利伟的成果后，马上放下心来，请杨利伟帮忙理发。很快，"火车站有个会理发的小伙子"的消息就传开了，每到周末，总会有些人找杨利伟理发，他也乐此不疲地为大家认真服务。

当然，杨利伟的理发技术也是有限的。在学校，大家都是统一的平头，所以他也就会给男同志推个平头什么的。一个周末，杨利伟照常在火车站给路人理发，这时一位女同志走过来，问："你能帮我剪个头发吗？"

杨利伟愣了一下，心想："我平时只给大家推平头，从来没有试过给女同志剪头发。要是剪坏了怎么办？做好事不就变成帮倒忙了嘛！"于是，他不好意思地笑着对女同志说："对不起，我就只会给男同志理平头，不会给女同志剪头发……"

看着杨利伟诚恳的态度，女同志笑着回答："这样啊，没关系。再见。"

有的人不禁问道："你从来没有给女同志剪过头发吗？为什么不借此机会试试？"

杨利伟笑了笑，回答说："咱们做事得诚实些，要是出错就不好办了。"

"学雷锋"活动丰富了杨利伟的课余生活，不仅让他从中体会到助人之乐，而且也让他从中收获了许多成长。

看到6班每个星期天都能集体外出，生活过得有滋有味，其他班级十分羡慕。有的同学忍不住感叹道："杨利伟，你真幸运，每周都能正大光明地走出校门，还能见到许多人和事。不像我们，天天待在学校里，既枯燥，又乏味。"

听到同学的抱怨，杨利伟就会笑呵呵地说："其实，学校也有很多有趣的事情。我以前在10班也难得外出，可是依旧过得很开心呀！只要你用心发现、仔细品味，就会发现学校有数不清的精彩生活。"

杨利伟就是凭借自己的认真和对军校的热爱，快乐地生活在这个充满梦想的校园中。他相信，只要用心过每一天，精彩就会无处不在。

6 从准备到飞翔

时间总是过得那么快，转眼间，杨利伟在保定航校的一年预校学习将近尾声，所有人都在紧张地为各种考核做准备。

原本以为只要进了航校的大门，就是一名真正的飞行员了，然而让人意外的是，飞行员的筛选测验并没有结束。不久，学校的领导就让学员们看到了这样一个残酷的事实：无论从哪个角度来说，飞行员都是要求极高的职业，它需要队员有极大的勇气，因为飞行员随时会遇到危险；它需要队员有良好的身体素质和心理素质，因为飞行员随时会面临严峻的环境考验；它需要队员有优异的文化成绩，因为飞行员不仅要熟悉飞机的构造，还要掌握精准的驾驶技术。除此之外，还有其他诸多高水准的要求，这些都是成为一名合格飞行员必备的条件。

面对这些严苛的条件，杨利伟的心理压力很大，他时常提醒自己：“真正的考验才

刚刚开始，我必须严阵以待。如果有一丝松懈，那么我的飞行员梦想就会破灭。”很快，这些巨大的心理压力转化成一股顽强的学习动力，将杨利伟好胜的个性进一步激发出来。

经过一番仔细观察，杨利伟发现，学校并没有规定一共要淘汰多少成员，如果达到标准，所有人都有可能会被留下来；如果达不到要求，那么也可能会全部被淘汰掉。也就是说，现在摆在大家面前的只有两条路：要么成功，要么失败。那么，学校制定的标准是什么呢？简单来说，就是文化、军事、体能这三项都要合格。就拿文化这项要求来说吧，学校规定：学员的文化课必须达标，一旦有两门或两门以上功课不及格，就会被淘汰掉，纵然其他两项非常优秀，也不会改变被淘汰的结果。

为了不在文化这关折兵，杨利伟和大家铆足了劲儿学习。好在大家高中时的学习都不赖，而且平日里也比较刻苦，所以每次文化考核成绩出来，几乎所有人都能过关。然而，其他两项考核就不那么乐观了。

与文化不同，军事和体能考验的多是学员们的身体素质，要是没有一个好的身体素质和心理素质，那么很容易被淘汰。为了不让学员们轻易被淘汰，学校在这两方面投入了很多精力，不仅在正常的训练中对学员们严格要求，还在平时尽最大努力提高学员的个人素质，例如举行长跑、篮球等体育竞赛，在提高学员身体素质的同时，还丰富了大家的业余生活。

杨利伟的班上有一位同学个头长得很高，将近190厘米，但是非常瘦。打篮球的时候，大家从来不会被他的高个子吓住，因为他体重轻，只要稍微一撞就会倒，完全不会给对手造成威胁。

“这么大的个头，体质却达不到标准，这怎么能行呢？”

学员们和学校领导都为“大个子”感到担忧。

“是不是因为营养不良？”有的同学怀疑道。

“嗯，很有可能。得想办法给他增加营养，让他长肉。”学校领导经过一番讨论，最后下达了这样的命令：“为了给‘大个子’补充营养，在他的食谱中加入鸡肉，以便迅速增强体质。”

这个消息一经公布，学员们立刻沸腾起来。

“好小子，你真走运，可以天天吃肉！”大家都十分羡慕“大个子”能够享受这种特殊待遇。

听到大家的羡慕之词，“大个子”不好意思地笑着说：“嘿嘿，完全是运气好，运气好。”

就这样，“大个子”的增重计划开始了。起初，“大个子”心里美滋滋的，因为可以天天吃到美味的鸡肉，然而刚过了半个月，他就开始叫苦不迭：“啊，我不想吃了。”有的同学开玩笑调侃道：“你真是身在福中不知福呀！”其实，大家也可以体谅“大个子”的苦衷，虽然有肉吃是一件很不错的事情，但天天吃很容易让人腻歪，正好应验了那句话“距离产生美”，和肉的距离拉近了，美妙的味觉享受却没了。

看到“大个子”面对鸡肉愁眉苦脸的样子，大家开始帮他向学校领导“求情”。估摸着补充营养有段时间了，学校领导也就不再强迫“大个子”吃肉。

“现在来验收一下成绩吧！”领导建议。大家也急切地想知道“大个子”有没有长胖，于是一伙人围在“大个子”身边，紧张地盯着体重秤。

“啊，怎么会这样？”当“大个子”站上体重秤时，大家情不自禁地喊道。吃了这么长时间的肉，“大个子”的体重竟没什么变化!

“继续吃肉。”最后，领导严肃地下达了指示，“两个月后再次验收成果。”

看着自己的体重，“大个子”的脸色难看极了，他意识到摆在自己面前的不再是简单的吃肉问题，而是如何增强体质的问题。为了提高“大个子”的身体素质，杨利伟和班里的同学想方设法给他出主意，陪他加倍锻炼，他也拼命地吃、拼命地锻炼。然而不幸的是，两个月后，“大个子”的体重依然没有什么变化，体质也没有跟上去。在后来的体能考核中，“大个子”因为身体素质差而没有顺利通过，最后收到学校的通知，他被淘汰了。

这件事给学员们留下了深刻印象，大家严肃地意识到：体能训练一刻也不能放松。杨利伟暗中提醒自己：“你的个头矮，但是个人素质绝不能比其他人低！”此后，杨利伟对自己要求更加严格，别人花一倍时间练习，他就花两倍时间锻炼，丝毫不放松自己。其实，“大个子”并不是唯一被淘汰的学员，还有很多人在军事和体能这两关败下阵来。

游泳是学员们的必考科目，要过这一关，就要通过 50 米游泳测验。对杨利伟来说，游泳课是一门很有趣的课程，因为他生长在海滨小城，而且从小就喜欢游泳。“原以为以后没机会游泳了，没想到竟然有这个课程，真是太好了！”杨利伟心中一阵窃喜。

在杨利伟看来，游泳是一件十分容易的事情，但是其他同学可不这么认为。许多人从来没有下过水，对水有一种本能的畏惧。站在泳池边，看着一池晃晃悠悠的水，大家犯难了，怎么办？

“全部下水！”教员一声令下。

杨利伟毫不犹豫地跳下水，会游泳和有游泳经验但是不会游的人也纷纷下到水中，而剩下那些既没游过泳，对水又比较畏惧的人就不好办了，他们在教员一遍遍的口令中，终于犹犹豫豫地下水了。

接下来就是熟悉水性。像杨利伟一样会游泳的人没有几个，大部分人对水还是比较畏惧的。为了让大家尽快熟悉水性，教员给那些怕水的同学制定了“特殊训练”：用背包带绑起来，然后全部扔到水里，等他们扑腾得差不多了，再拉回来。这样一来二去，所有人也就基本熟悉了水性。

之后，教员让大家围成一个圈，互相监督，每个人要游够50米才可以靠岸。杨利伟凭借小时候的功底顺利完成了任务，不过动作有些不标准。在教员的指导下，他很快就掌握了正确的游泳姿势，游泳速度也变快了。那些刚熟悉水性的同学就没他这么轻松了，有的人刚游了一小段就不行了，扑腾着想要靠岸。

“给我继续游！”教员拿着长长的杆子毫不客气地将他们“打”回去。

没办法，这些同学只好硬着头皮继续游。好不容易游够50米，大家气喘吁吁地爬上岸，龇牙咧嘴地向早已靠岸的同学抱怨：“瞧咱教员打的，青一块红一块的。”

教员也不生气，笑呵呵地给他们揉着胳膊，说道：“我要不把你们打回去，你们能学会游泳吗？要是不想挨打，就不要那么早靠岸嘛！这样我也就够不着你们了。”

“哈哈！”大家被教员逗得一阵哄笑。

就这样，经过一阵强化训练，大家基本都掌握了游泳的方法，个别成绩不太好的同学在最后的考核中因为不达标，只好被淘汰。

除了游泳，杨利伟还有许多拿手的项目，例如旋梯训练、短跑等，这些都与他小时候的爱好有着密不可分的关系，使得他能够轻松应对。不过有一项是杨利伟的弱项，那就是 1500 米长跑。尽管他十分努力地练习，但是一直达不到要求，最后他被列入了“攻关队”，经过更加严酷的训练，终于在最后一刻通过了考核。

当预校的学习考核全部结束后，杨利伟以多项优异的成绩毕业了。此外，他的个头也从刚入校时的 162 厘米长到了 168 厘米。虽然不像其他队员那样人高马大，但是杨利伟用自己的行动证明：小个头也可以很优秀。

1984 年的夏天，杨利伟被分配到了甘肃省空军第五航校。这时恰逢学校有外训任务，所以四个月后，杨利伟和其他同学接到命令：要转移到新疆的空军第八航校学习。在出发前，杨利伟听人说新疆的生活环境十分恶劣，有“早穿皮袄午穿纱，围着火炉吃西瓜”一说。起初，他对这句话还有些不以为意，直到在新疆待了几天，他才深刻体会到自己的学习环境有多艰苦。

第一天的训练让杨利伟刻骨铭心，起初他还满怀激动地跟着教练员学习飞机的驾驶技术，可随着中午的接近，他越发感到酷热难耐。在烈日的炙烤下，跑道的温度逐渐升高到六七十摄氏度，而飞机更是被烤得烫手。结束了上午的训练，杨利伟早已累得气喘吁吁，而下午的训练更是艰辛，大家都期盼晚上快点来临。然而当夜晚降临时，大家立刻又被那寒冷和低温冻得不知所措了。

对于这次转移，许多同学怨声载道。除了让人难以忍受的恶劣气候外，大家对当地的饮食也很难习惯，那膻味浓重的羊肉成了令杨利伟头痛的难题。面对如此艰难的环境，杨利伟心里很清楚：如果不能忍受目前的状况，他将永远无法实现自己的飞行梦，因为飞行员的淘汰还在进行中。于是，他咬紧牙关，暗下决心："一定要坚持到底。"

在好胜心的鼓舞下，杨利伟逐渐克服了外界环境的困扰，慢慢习惯了第八航校的学习。跟着教员学习了理论知识后，杨利伟终于迎来了激动人心的一刻——飞行。在教员的带领下，杨利伟和同学们首先尝试了"体验飞行"。当他透过云层俯瞰大地时，那茫茫的戈壁滩和草原转眼间变成了美景，深深印在了他的脑海中。"很快，我就能像教员一样单飞了！"杨利伟默默地想着。

1985 年，杨利伟终于迎来了单飞的时刻。

这天，副大队长严肃地问杨利伟："现在让你单飞，你敢吗？"

杨利伟毫不犹豫地回答："敢！"

"好，敢飞就行！登机！"副大队长满意地说道。

杨利伟深深地吸了一口气，踏着稳健的步伐登上了飞机。此刻，所有的飞行程序有条不紊地出现在脑海中，他快速做好各项准备，然后只等指挥员发出最后命令。

一切就绪后，指挥员发出了起飞命令，杨利伟驾驶着飞机开始在跑道上平稳滑行，不一会儿就稳稳地离开地面飞向了空中。

“我终于能够在蓝天上自由飞翔了！”杨利伟心中充满了自豪和骄傲，他将机舱盖轻轻打开一道缝，凉飕飕的风吹在脸上，让他的内心充满喜悦与力量。

当杨利伟驾驶飞机安全降落后，院长问：“飞行的感觉怎么样？”

“很好！”杨利伟兴奋地回答。

“不错。”院长满意地点了点头，然后开始点评他的飞行，“起飞和降落都做得很好，不过航线上的数据，有些不够周密，这方面要多加注意。总之，你的表现就像游击队员一样，不仅有扎实的飞行技术，还有良好的心理状态，值得表扬呀！小伙子，继续努力，你会成为一个好飞行员的！”

听到院长的点评，杨利伟心中充满了喜悦。这次单飞给他带来了强大的自信，在接下来的训练中，他更加严格要求自己，飞行的技术慢慢变得娴熟。

时光如水，转眼间，1987 年的夏天到了。在毕业典礼上，杨利伟从领导手中庄严地接过毕业证书。

“恭喜你成为一名合格的飞行员！”领导微笑着对杨利伟表示祝贺。

杨利伟“啪”的一声立正，向领导行了一个标准的军礼。这一刻，他的眼眶湿润了，这个坚强的大男孩从离开家的那一刻起经历了无数磨难，克服了各种困难，都不曾掉过一滴泪，如今他光荣地成为一名飞行员，却禁不住流下了滚烫的热泪。“从进军校学习到飞行毕业，我胜利了！但这只是开始，接下来，我将会为祖国贡献自己的一生！”杨利伟在心中立下了誓言，从此走向了更为辉煌的人生。

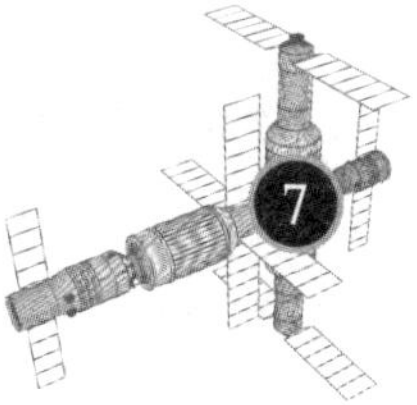

部队和战机

1987 年，杨利伟所在的中队被分配到了甘肃省某师的一个飞行团。对于分配到哪儿，年轻的杨利伟并没有太多的想法，他对自己说：“军人最大的天职就是服从命令，上级领导要求去哪里咱就到哪里，不容有半点置疑！”

就这样，杨利伟和战友们一起坐车从兰州到了一个小县城，之后又到了一个小山坳，这才抵达了部队的所在地。和其他部队的所在地相比，这里简直偏僻极了，即便到距离最近、比较热闹的一个煤矿，坐车还得一个多小时呢！用“非常穷”三个字来形容这个地方一点都不为过，在这个地方就算是你手里有钱，也买不到东西。

然而就在这个 20 世纪 60 年代末 70 年代初建成的机场上，年轻的杨利伟开始工作了。虽然这个机场只是一个野战机场，但是面积却非常大，它的跑道被修进了山腹中，里面油库、弹药库等一应俱全，甚至飞机还可以直接飞进

大山的“肚子”里。

部队在哪里，人就到哪里。在这里工作了一年多后，杨利伟又跟从部队到了西安，相较甘肃来说，这里的训练条件和生活条件都要好一些了。

在部队里，杨利伟驾驶的战机是攻击机，也叫强击机，即“强 -5”，这种飞机主要应用于空对地作战，它从低空、超低空攻击敌方的地面或水面中小型目标，从而达到火力支援己方部队的目的。“强 -5”是我国生产的，也是迄今为止唯一由第三世界国家生产的喷气式攻击机，作为一种主力机，大量装备在边境机场，用来对付“坦克集群”。

杨利伟清楚，战机对于飞行员来说，就如同步兵的枪，是武器，同时也是战士的第二生命，需要战士像爱护自己的眼睛一样爱护，更要像熟悉自己的身体一样熟悉。

杨利伟平时的任务就是驾机训练。用机炮打击地面目标，或向地面目标投掷炸弹，是他们平时训练中最普通的科目，只不过这些炸弹都是作为训练用的，所以都是水泥炸弹或教练弹。练习时要求飞得很低，低到什么程度呢？比如，顺着公路练习时，飞机和地面的距离就仅仅只有几十米，连路上的行人和车辆，驾驶员都能看得一清二楚。

对于青春澎湃的小伙子们来说，除了训练和部队上组织的活动外，业余生活十分单调。出了营房门，外边就是辽阔无垠的原野。环境苦，条件差，而且每天仅有两个小时的通电时间，根本没有办法看到当天的新闻，更别提用热水洗澡了。不过小伙子们有的是办法。他们通常会在外边晒一桶水，然后晚上拎回来再用于洗漱。

在远离家乡、远离城市的地方，小伙子们每天面对的就是戈壁滩，空旷而又乏味。所以每当大家闲下来，心情不好的时候，就会一起到机场外跑跑闹闹，以排解心中的抑郁。

许多人会去戈壁滩上呐喊，杨利伟也不例外。他们一遍遍喊着亲人的名字，一遍遍喊着“坚持就是胜利”，对他们来说，这是一种情绪释放，也是一种自我调节。训练时精神高度紧张，闲下来时，精力又极度充沛，这种呐喊就是一种极好的放松身体和减轻精神压力的办法。

也许很多人会羡慕地说：“高高飞在祖国的蓝天上，是多美的一件事情啊！”但他们只看到了光鲜的外表。其实飞行员承受的不仅是心理压力，更多时候还是对智谋、勇谋的考验。杨利伟就曾有过这样一段与死神擦肩的经历。

1992 年夏天的马兰机场，杨利伟所在的部队来到这里执行训练任务。一天，杨利伟正驾驶着攻击机在吐鲁番艾丁湖的上空做超低空飞行。

银光闪闪的艾丁湖在晴空下异常美丽，杨利伟紧贴着湖面高速飞行着，突然，飞机发出了“砰”的一声巨响，瞬间仪表显示气缸的温度正在急速升高，而发动机的转速则在迅速下降。杨利伟第一时间就反应过来了，他知道这是遇到“空中停车”的特殊情况了。

由于惯性的作用，飞机在这种失控的情况下仍然保持高速飞行，直到动力不足以供给时，便会失速，然后就会像被导弹击中般跌落下去。在这个紧要的关头，杨利伟根本没有想后果是什么。他关注的只是发生了什么情况，能不能把飞机安全地飞回去！在这个时候，对一个训练有素且有超强责任感的飞行员来说，最最重要的就是用最快的时间，正确无误地找到故障的原因，然后立即提出解决的办法。

从事件发生到确认故障，杨利伟只用了几秒钟，他在查看仪表和检测开关后，判定这次“空中停车”是因为一个发动机几乎停止转动了。这个故障对于任何一名飞行员来说都是晴天霹雳般的打击，假如没有办法顺利地排除故障，那么在必要的时刻可以选择弃机。但杨利伟心里清楚，一架飞机的价格十分昂贵，如果就这样撒手不管的话，对国家来说，这可是损失了相当大的一笔财产！他脑中丝毫没有产生弃机逃生的想法，并且坚定地认为一定要把飞机开回去。他自信地想：“不是还有一个发动机可以工作吗？我——杨利伟，一定能够把飞机飞回去。”

心理素质超强的杨利伟，十分冷静地握紧操作杆，缓缓地收住油门，凭借着另外一个发动机渐渐地把飞机往上拉。在事故发生时，他曾想向地面报告，但超低空状态时，无线电根本就无法接通。因为没有足够的动力，飞机飞得十分缓慢，而且还伴有侧滑的状况。500 米、1000 米、1500 米……以同一空域的其他飞机为导向，杨利伟驾驶着飞机一点点爬升上去了，飞过了天山山脉，然后向着机场方向飞。快接近跑道时，另外的一个发动机也停止了工作，杨利伟这时又当机立断地采取了应急放起落架的措施，把完全失去动力的飞机稳稳地降落在了跑道上。

飞机停稳后，战友们纷纷跑来同杨利伟拥抱，大家都在夸赞：“利伟真勇敢！”这时，他才发现自己的衣服已经浸满了汗水。团长激动地抱住杨利伟，当场就宣布：“杨利伟临危不惊，沉着果断，既保护了自身的安全，也避免了飞机失事。我建议师部给杨利伟记三等功一次。”

就这样杨利伟被当场记了三等功，或许，这次“空中特情”的处理正预示着“大任”的到来。

后来在检查故障时发现，原来是飞机其中一个发动机的叶片折断了。这种情况是相当危险的，因为断裂的叶片很容易把油路打断，假如真的打断了，那么飞机顷刻就会遇火爆炸。曾经就有过这样一个事故，飞机爆炸掉了下来，但当时并没有找到发动机，所以一直不清楚事故发生的原因，直到几年后，在飞机失事地附近居住的一户村民从自家院子里挖掘到一个发动机，才证实了飞机爆炸就是断裂的叶片把油路打断而引起的。

事后很多记者都曾问过杨利伟：“在那一瞬间，你害怕吗？你想到过死亡吗？”杨利伟淡定地笑着说：“实话实说，在这么短暂的时间里，我根本没有想过生死的问题，我心中只有一个念头，那就是无论如何也要让飞机平安回来。”

在这一刻，飞机对杨利伟来说比他自己的生命还重要！其实飞机能不能飞回来，除了精湛的技术和极强的心理素质外，很大一部分靠的是运气！杨利伟还是非常幸运的，因为断裂的叶片并没有打到油路，否则他就真的回不来了。

说不紧张，那是假的，看看杨利伟湿透的训练服就可以知道，在当时的情况下他还是很担心的。这件事情如果是换作别人，肯定是要按照规定休息几天来调整心态的，因为这可是一个极大的心理障碍，然而杨利伟压根就没有想到过“休息”二字，从飞机上下来后，他很快就没事了，第二天又照常和战友们一起参加了训练。这次事故不仅没使杨利伟受到任何影响，反而更坚定了他对这个职业的热爱之情。

杨利伟深知当兵就要当一名精兵，这不仅是锻炼、是经历，更是生命中的宝贵财富。事实上，飞行员可能会遇到各种各样的危险和障碍，这对心理承受力以及瞬间反应力是极高的挑战，如果经历过或处理过这样的事故，会增加更多的经验，对飞行也会更加有把握。作为一名时刻与死神对决的飞行员，只有平时刻苦训练，才能减少灾难的发生，才能在战场上立于不败之地，更何况，杨利伟的梦想是当一名王牌飞行员。

8 向『王牌』迈进

1992年对杨利伟来说是不平静的一年，除了遇到“空中停车”的险情外，他还依照上级指示先后在甘肃、陕西、新疆之间辗转不停。很快，1992年临近尾声，杨利伟再次被调回陕西的部队，然而没过多久，他又遇到了一件事——部队精简整编，这次整编使得他所在的空军某师被整个裁掉。这时，杨利伟站在了人生的抉择路口。

“是留在部队，还是转业呢？”杨利伟陷入了沉思。他看到自己的战友们陆陆续续转业，到地方民航做了飞行员，生活就此安定下来。亲朋好友也总是劝他：“利伟呀，飞行员太苦了，说不定哪时候就会遇到危险。现在部队要裁掉了，正是转业的好机会呀！”面对这些人和事，杨利伟依然保持着冷静的头脑。他知道，家人之所以希望他能够转业，是因为担心他的安危。而进入航空公司工作还能够得到优渥的待遇，比在部队辛辛苦苦换来的工资要多得多。

然而这种安逸的生活并不是他想要的。

“我还是决定留在部队，因为我不想放弃当飞行员的梦想。”经过一番深思熟虑后，杨利伟对亲朋好友说道。

“去航空公司同样也是开飞机呀！和你的理想并不冲突。”大家还是希望杨利伟能够转业。

“不，我要驾驶的是王牌战斗机，而不是四平八稳的民用飞机。我现在已经是二级战斗机飞行员了，在部队，我可以满怀热情地驾驶战斗机保卫祖国，而当一名安逸的民航职员却不能带给我丝毫激情。所以，我还是决定留在部队。”杨利伟坦然自若地将自己的想法告诉亲朋好友。

看到杨利伟主意已定，大家也不再说什么，只能在心里默默地祝福他。

于是，1993年初，杨利伟跟随集体来到四川省，成为成都空军某师航空兵某团的一名飞行员。来到新的部队，杨利伟感觉自己被幸福围绕着，他庆幸自己选择了留在部队，同时感谢家人给予自己的支持。可杨利伟还没有开始仔细品味部队的新生活，又一件麻烦事出现了。

杨利伟来到新部队没多久，上级就下达了指示：“为了满足任务与训练的需要，你们必须从自己熟悉的‘强－5’改飞‘歼－6’。”也就是说，杨利伟和战友们要开始全新的飞行训练，从零开始学习驾驶歼击机的技术。

得到这一消息，杨利伟陷入了深深的苦恼中。首先，他对歼击机是完全陌生的，要重新学习对他的技术来说是一种巨大的考验。因为一个能够掌握两个不同机种驾驶技术的飞行员，在部队中可谓凤毛麟角，由此就可以预见，学习新的驾驶技术是一项十分艰巨的任务。其次，部队驻扎在偏僻、贫穷的地方，要当飞行员就要长期居住在部队中，这会直接影响到诸多方面，比如家属的居住、就业等问题。

面对严峻的事实，立刻有战士表示拒绝由强击机改飞歼击机，然而这一行为导致的直接后果就是停飞处分。因为无法承受巨大的压力，和杨利伟同来的大部分战友在此刻做出了转业决定。再次看着战友们一个个离开部队，杨利伟陷入了人生的低谷。他开始重新考虑自己的未来。

“陕西的部队被裁掉时，亲朋好友劝我转业，我没有同意。现在来到新的部队，要改飞自己不熟悉的歼击机了，我也没有表示不愿意。但是一同而来的战友却因为这件事对未来的影响，而在最后一刻放弃了坚持，选择了转业。我呢？难道我也要在此刻放弃飞行吗？……”

杨利伟的内心矛盾极了，事业和生活的双重压力压得他喘不过气来。接下来的几个晚上，他常常会做噩梦，梦到自己不能再开飞机了，醒来后难过得直想哭。

经过一段时间的思想斗争，杨利伟终于做出了最后决定：“在航校时，我通过层层考验顺利毕业，然后实现了自己的飞行梦。现在，往前一步就是成为王牌飞行员的机会，而退后一步就只能抱憾终身。不，我绝不能在这个关键的时刻放弃自己的梦想！我离不开部队，离不开飞行！不管今后有什么困难，此时此刻我都要留下来，掌握好歼击机的驾驶技术，继续在蓝天上自由飞行！”

就这样，杨利伟凭着顽强的毅力战胜了内心的矛盾，再次留在了部队，并展开了全新的生活。

学习歼击机的驾驶技术是一件辛苦的事，从做出留在部队的决定的那一刻起，杨利伟就接到了不能更改的命令，两年内将“歼 -6”的全部课程统统结束掉。之前的去留压力还没有完全从心中散去，杨利伟又迎来了新一波的学习压力，这让他的情绪陷入了谷底。他开始失眠，每当夜深人静的时候，他会望着星空深思，想自己的过去、现在和将来。他在心中一遍又一遍地问着自己：“我的坚持是不是正确的？”而得到的回答总是：“只要坚持就会胜利。”杨利伟还是不想就这样放弃，他下定决心，一定要克服全部困难。

为了记住那些新的理论和数据，杨利伟想了一个好方法，他把那些枯燥的内容编成了顺口溜，反复记忆，很快就克服了这只“拦路虎”。在学习飞行准备的时候，杨利伟根据以往的飞行经验，对飞行中会遇到的每个问题都做了详细解答，他的认真、严谨得到了教员的一致好评。在接下来的实践练习中，杨利伟更是投入了全部精力。虽然“歼 -6”的性能比“强 -5”要稍差一些，但是他相信，只要将技术练得炉火纯青，同样可以灵活驾驶。有的特技动作不规范，他就反反复复地练习；飞行的气象条件复杂，他就想办法勇敢地克服困难。就这样，经过两年的训练，杨利伟以优异的成绩完成了歼击机的基础科目，并将驾驶技能全部掌握，成为部队中为数不多的熟练掌握两个机种驾驶技术的成员之一。

度过了最为艰难的训练阶段后，杨利伟的身体素质、心理素质、驾驶技术等各个方面都得到了全面提高，这让他进一步明确了自己内心的飞行梦，更加坚定了要成为王牌飞行员的理想。

在不飞行的日子里，杨利伟和战友们一起忙着准备飞行所需的各种数据，闲暇之余，大家就会在一起谈论有关王牌飞行员的事情。对飞行员来说，成为王牌飞行员是所有人的梦想。

一说到“王牌”，杨利伟的眼中就会闪现出难以抑制的兴奋光芒。在他的心中就住着一个王牌飞行员，那就是第一次世界大战中德国赫赫有名的飞行员——曼弗雷德·冯·里希特霍芬。在一战中，曼弗雷德展现了自己高超的驾驶技术，他击落的敌机数目多达80架，不仅被大家一致称为“王牌飞行员”，还被誉为“王牌中的王牌”。他曾将自己的战斗机涂成鲜艳的红色，带领战士们在蓝天上奋勇歼敌，而这也成了他独树一帜的标志，他甚至被敌对的英军尊敬地誉为“红男爵”。当“红男爵”不幸阵亡后，英军为他举行了极为隆重的葬礼，负责抬棺木的六名成员全部是协约国的上尉。当棺木缓缓落入墓穴后，所有士兵朝天鸣枪，对这位“王牌中的王牌”飞行员致以最崇高的敬意。

无论是生前还是死后，能够得到敌对国如此敬重，这是一位多么了不起的王牌飞行员啊！曼弗雷德·冯·里希特霍芬给杨利伟留下了深刻印象，他把这位王牌飞行员作为奋斗目标，同时也作为竞争对手，展开了迈向“王牌”的历程。他相信，只要努力，自己的王牌梦一定会在广阔的蓝天中得以实现。

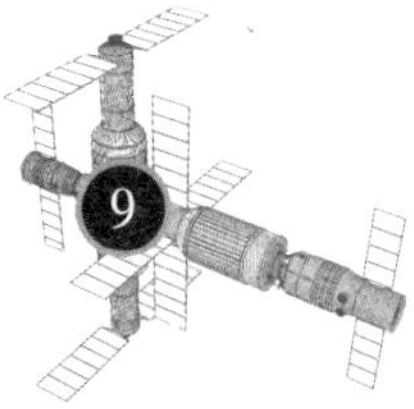

超越距离的选拔

新中国成立后，开始对航天事业进行研究探索，经过老一辈科学家的不断实践和艰辛付出，我国取得了一系列令世人瞩目的成绩：1970 年 4 月 24 日，“东方红一号”卫星在酒泉发射成功，这是我国研制的第一颗人造地球卫星；1980 年 5 月 18 日，我国成功发射第一枚运载火箭；1988 年 9 月 7 日，第一颗极地轨道气象卫星“风云一号”成功发射……我国的航天事业逐渐步入正轨。1992 年 9 月，中共中央政治局常委会作出了一项重大决策：准备实施载人航天工程。随着这项工程的开始，选拔航天员的工作也慢慢展开了。

1995 年 9 月，载人航天工程指挥部开始在现役飞行员中选拔合适的航天员，预选正式开始。要通过这层筛选，要符合以下要求：首先是生理方面的要求，飞行员的身高要在 160 厘米到 172 厘米之间，体重不得低于 55 公斤，不得高于 70 公斤，年龄以 25 岁到 35 岁为宜；

其次是个人经历方面的要求，飞行员的最低学历为大专，能够熟练驾驶歼击机或强击机，累计飞行不得低于600小时，并且没有等级事故，成绩优异；再次是个人素质和健康方面的要求，飞行员的意志要坚定，思想觉悟要高，有敢于为祖国事业献身的精神，日常生活中没有抽烟、喝酒等不良习惯，身体要健康，最近三年的体检情况要达到年年为甲类。

经过选拔小组成员的严密筛选，现役飞行员中有800多人符合上述条件，可以参加航天员的初选。随后，这些人陆陆续续收到了初选通知，其中有一份就是发给杨利伟的。

1995年就要画上句号的时候，航天员初选的通知传到了杨利伟的手中。此时，他早已成为一名优秀的飞行员，每年他的出勤都是全勤，安全飞行合计1350小时，凭借着优异的工作表现，他被光荣地评为一级飞行员。

做航天员，杨利伟从来没有想过。在蓝天上飞行对他来说是从小到大的美梦，如今这个美梦早已成真，而且他的内心也得到了满足。现在，又出现了“航天员”这个词，杨利伟的内心开始慢慢生出一种莫名的兴奋。“和飞行员一样，航天员的职责也是为祖国作贡献，同时也是一项危险重重的职业。然而与普通飞行员不同的是，航天员可以飞得更高、更远。如果我有机会成为航天员，那么为什么不试一试呢？”想到这里，杨利伟打算报名参加航天员的选拔。

说实话，此时此刻的杨利伟对航天员的了解并不是很深，但是有一点他心里很清楚：要成为一名合格的航天员，将会面临更大、更多的困难和挑战。然而对于经历过无数大大小小难题的杨利伟来说，危险和困难早已从他的人生字典上划去，同国家的繁荣发展相比，任何难题都不成问题。此外，作为一名优秀的飞行员，杨利伟对高度的渴望是非常强烈的，而成为航天员则可以满足他的渴望。

于是，在一番思量过后，杨利伟带着兴奋而略微茫然的心情报了名。他从来不奢求自己能够被选上，他只是不愿错过任何值得一试的机会。

1996年初，杨利伟参加了航天员的初选测试。按照通知要求，他在青岛空军疗养院参加了外围体检。这次体检不禁让他想到了高中时参加的飞行员体检，两者虽然都对被选人进行了从头到脚的全面检查，但是航天员的检查更加细致，而且还有不同于飞行员的“特殊因素检查”。众所周知，航天员的工作环境在太空，需要在真空条件下飞行，这对航天员的生理要求是极为严格的。所以，要成为一名航天员，身体条件就要符合更高的标准。

通过这一轮严密的体检后，原来的800多人一下子缩减到了90人，而最终真正通过初选的人数又从90变成了60，杨利伟就在其中。

不久，杨利伟接到了复检通知。看到自己如此顺利地通过了初选，杨利伟心中不禁多了些自信。离再次体检还有一些日子，杨利伟却早已按捺不住心中的激动。这时杨利伟听说团长要去北京国防大学学习，于是急切地找到团长说：“团长，我跟您一块儿去北京吧！”

团长有些诧异地看着杨利伟，问道：“这不是还没到时间吗？”

“我有些等不及了，早去早做准备嘛！”杨利伟笑呵呵地回答。

团长看到杨利伟如此迫不及待，于是答应了他的请求。第二天，杨利伟和团长从部队出发了，他们先是乘坐了六七个小时的汽车，然后又换乘火车，一番辗转后终于到达了北京。初到北京，杨利伟对这座城市并不了解。他拿着地图研究了一下，找到了国防大学，于是他对团长说："团长，反正我不赶时间，先送你到国防大学吧。"还没等团长说什么，他就拉着团长坐上了公交车，然后顺利到达了国防大学。

和团长分别后，杨利伟又在地图上找到了北京空军总医院，他按照地图上的公交线、地铁线等线路的指示几经辗转，终于在晚上到达了目的地。

"你好，我是来参加航天员复检的。"杨利伟告诉护士。

"复检？"护士诧异地盯着眼前这名军人，"你可真是积极呀！离复检还有三天时间呢，你怎么这么早就来了？"

"嘿嘿，是来得早了些。"杨利伟笑呵呵地应道。

"我们还没做好准备呢！"护士想了想，继续说，"这样吧，你先带着证件登记一下，今天就在医院住下吧。不过因为你来得太早了，所以一些日常用品还没来得及准备，我们先给你安排一下。"

杨利伟再三谢过护士，当晚就在医院住下了。随着时间的逼近，其他参加复检的战士也陆陆续续来到医院，当所有人都到齐后，第二轮体检正式开始。

这次的体检主要针对飞行员的各项身体器官进行全面检查。一些有遗传性疾病或者曾有过冠心病、高血压、胆结石等疾病的人都被淘汰了，因为这些疾病即使早已痊愈，也会成为航天员的隐患，毕竟太空的失重环境对人们来说是陌生的，为了避免航天员遇到生命危险，任何潜在威胁都要逐一排除。

在短短的十几天复检中，杨利伟感觉自己变成了透明人，身体的每个角落都被仔仔细细地检查了一番。当复检完全结束后，60 人只剩下了 40 人，杨利伟又一次顺利通过筛选。经过前几轮的选拔，杨利伟庆幸自己从小到大一直很健康，不然的话也不会突出重围走到这一步。

8 月，杨利伟又参加了航天适应性选拔。这次的测试与以往的任何测试都不同，它是航天医学工程研究所的科学家们为航天员量身打造的测试。通过这项测试就可以看出一个人是否具备成为航天员的“航天生理功能”。

测试开始了，杨利伟看到许多以前从没见过的仪器。测验是在失重、超重、缺氧等特定环境中进行的，他陆续经历了离心机、旋转座椅、压力舱等测试，每项测试的过程都是十分痛苦的。为什么要进行这样的测试呢？因为航天员面临的环境是异常特殊的，必须具备良好的身体素质以应对失重、超重等带来的身体压力，单凭临床检查是无法彻底查清战士们生理上存在的弊端，只有通过特殊的检测，才能够将问题一一查明。

整个测试过程严格而艰辛，身体承受能力强的人留了下来，而身体承受能力弱的人只能被淘汰。结束了体能方面的测试，战士们又进行了心理素质的选拔。当最终结果出来时，人数已经缩减到 20 了。

12 月，杨利伟和其他战士参加完了航天员的全部选拔测试。负责人并没有直接告诉战士们选拔结果，因为在这 20 人当中只有 12 人能够胜出，而其他 8 人将会被淘汰。谁去谁留，选拔小组还要进一步讨论研究。

岁末时，航天医学工程研究所的领导、专家们邀请20名战士共同迎接新年。大家一边聊天一边吃饭，饭桌上充满欢声笑语。这时，航天医学工程研究所的副总工程师将杨利伟拉到一边，悄悄地对他说："利伟，不久你就要回部队了，有些事我要嘱咐你一番。回到部队后，一定要注意身体健康，饮食上要保证安全卫生，千万不要喝酒。另外，那些比较危险的飞行训练最好不要参加，以免身体受伤。总之，你一定要保持最佳的身体和心理状态，记住了吗？"

听着领导的一番嘱托，杨利伟心中涌起一阵暖流。这番话不单是上级对下级的关怀，而且还暗含着一种提示。杨利伟对领导郑重地点了点头，说："谢谢您，我记住了。"在满怀希望中，杨利伟和大家一同迎来了崭新的一年。

不久，杨利伟回到了四川，耐心地等待最终结果。虽然临走时，领导的一番话向他暗示了些什么，但是他并没有因此而沾沾自喜，毕竟结果还是未知的。杨利伟心中很清楚：如果被选为航天员，他就会结束自己的战斗机飞行员的生涯，可是他对部队和飞机的感情并不是那么容易就能割舍掉的；如果落选，那么也没有什么可遗憾的，只要像以前一样继续做好自己的本职工作就好。所以，杨利伟此时此刻的心态很平静，他依旧保持着良好的状态，带领飞行员们在蓝天上翱翔。

对杨利伟来说，现在的日子是云淡风轻的，而对负责航天员选拔工作的人来说，选拔工作依旧在紧张地进行。工作人员先是来到杨利伟的老家绥中县，对他的父母和亲朋好友进行了家访。起初，亲人们还以为杨利伟在部队发生了什么意外，经过工作人员的一番解释才明白了所以然，于是积极地配合工作人员的工作，家访顺利地结束了。

随后，工作人员又来到了杨利伟所在的部队，从战友和领导处对杨利伟的为人进行了调查，在得到满意的答复后，工作人员最后来到杨利伟家中，对妻子张玉梅进行了家访。

在简单了解了杨利伟的家庭情况后，工作人员开始征求张玉梅的意见："你知道，航天员是一项特殊的职业，杨利伟一旦被选上，就会给你们今后的生活带来很大的影响。那么，作为妻子，你能适应这些变化吗？"

其实，和杨利伟在一起生活了这么多年，张玉梅早已对丈夫的心思了解透了，她知道丈夫对事业始终抱着坚定的决心，作为妻子，她完全可以体谅丈夫的心情。面对工作人员的提问，张玉梅莞尔一笑："能，利伟这些年四处辗转，我们都一起走过来了，变动不变动的早就无所谓了。"

工作人员一边记录，一边问道："做航天员随时都会面临生命危险，这样的话你还同意杨利伟做航天员吗？"

"同意。"张玉梅自信地回答道，"利伟已经是一名合格的飞行员了，危险对他来说是早已习以为常。他热爱飞行、热爱自己的事业，作为妻子，我会一如既往地支持他。"

工作人员满意地点了点头，然后又问了些其他问题，家访差不多也告一段落了。之后，工作人员又先后对所有候选人进行了各种考核，日子就在紧张和平静中慢慢过去了。

这天，杨利伟接到航天员训练中心打来的电话，工作人员向他询问平时穿什么尺码的服装。虽然没有正式通知自己被选为航天员，但是从工作人员的言语中，杨利伟隐约可以确定："不久，我就会成为一名航天员了。”

果然，到了 1997 年的 4 月中旬，众多著名专家聚集在中国载人航天工程指挥部，经过最后一轮激烈的讨论和严密的挑选，12 名航天员的名单终于确定了。杨利伟凭借优良的身体素质和心理素质，以及其他方面的综合表现，光荣地成为一名航天员，从此展开了全新的航天员生活。

10 找到学习的最佳途径

1997 年底，杨利伟告别了部队、战机以及朝夕相处的战友和领导，和其他 11 名入选的航天员一同来到首都北京报到，他的战斗机飞行员生涯就此画上句号。

这时，新的一年即将来临，上级给战士们下达了命令：“即日起开始搬家，在一周内全部入住航天城。”

一接到命令，杨利伟和战友们纷纷返回各自所在的部队，着手进行搬家。因为时间比较紧，搬家工作比较忙乱，于是杨利伟将刚满两岁的儿子送到了爷爷奶奶家。当大家听说杨利伟就要搬走了，纷纷赶来帮忙。

平日里，杨利伟和战友、领导们相处得极为融洽，大家除了帮他打点行李外，还在忙碌之余和他开起了玩笑。

“利伟，这下你可享福了。”一个战友羡慕地说道。其他人听罢，也随声附和。

杨利伟觉得有些莫名其妙，不解地问道：

"这话怎么说？"

战友咂咂嘴巴，煞有介事地回答说："你看你，刚成为航天员，组织就给你在航天城安排了住处，到那里后待遇一定不错，要什么有什么。大家说，是不是？"

"就是，就是！"大家一阵喧嚷。

"听说啊，当了航天员后每月工资能挣到一万多块钱，别说住房不愁，出门都不用愁，有专车接送呢！"一个领导接着说道。

"哇……"大家发出一阵羡慕声。

"反正你就要过好日子，现在这些破烂就不要管了，我们帮你处理了吧！"战士们趁机说道。

"原来如此！"杨利伟恍然大悟。他笑着说："搞了半天，你们是盯上我的这些宝贝东西了呀！"

"哈哈哈……"大家开心地笑作一团。

既然话都说开了，大家更是不客气，开始在杨利伟的所有财产中物色适合自己的东西。

"哎，利伟，反正你去了航天城有专车，这个自行车就别带走了，带过去也没用！"

"利伟，电视、书架、床什么的你肯定也用不上，搬到北京多费劲，干脆就留下吧！"

…………

大家你一言我一语地说着，不一会儿就将杨利伟的"家产"分配完了。最后，杨利伟一扫视自己的屋子，嗬，转眼间就剩一台旧录音机、一些书和其他一些日常用品了。他和妻子相视一笑："这下，咱们搬家轻松多了！"

妻子笑着说："是啊，真是省去了不少麻烦呢！正好这些东西给大家留下，做个念心儿。"

接下来的几天，杨利伟和妻子在战友们的帮助下，收拾好了行李，踏上了北上的列车。看着战友们熟悉的面孔，杨利伟心头百感交集。"再见了，我亲爱的战友们！祝你们幸福。"他在心中默默地祝福着大家，挥手说了"再见"。

很快，杨利伟和妻子带着简单的行李来到了航天城，和其他战友会合。将现有的东西放入住处后，大家开始为购买日常生活用品、家具等物品忙活起来。之前被部队的战友们说得神乎其神的话，杨利伟现在才明白：原来都是传言哪！所有航天员的家都安排在一幢住宅楼中，除了屋子，其他什么东西也没有。大家来的时候都没带多少行李，为了节省时间，大家就统计了一下缺什么，然后一同买了回来。

航天城离北京市区比较远，交通也不方便，经过一番商量后，大家一致决定：女同志们去买日常用品，男同志则负责家具等大型物品。所有任务分配好后，大家立刻分头行动。很快，家里安置得差不多了。这时，杨利伟和其他战友又接到命令："航天员有专门的住处，不能住在家里。"所谓专门的住处，就是航天城中一幢红色的两层公寓（又被大家称为"红房子"），因为工作需要，每周一到周五，航天员们要集体住在里面，不能随便外出，而外界的人也是不能随便进入的。

正当杨利伟不知该如何向妻子开口时，妻子却平静地说道："你就安心在那里工作吧，不用担心家里的生活，有我在呢！"看着体贴的妻子，杨利伟心中涌出一阵暖流。

1998 年 1 月 5 日，杨利伟和战友们来到航天医学工程研究所，与另外两名战士一起正式组建起“中国人民解放军航天员大队”。空军首长和国防科工委一并给 14 名航天员举行了简单的欢迎仪式。

在仪式上，空军首长感慨地对大家说：“你们都是国家最出色的飞行员，我真是舍不得让你们走呀！不过，航天员是国家航天事业的需要，更加重要，更富挑战性。虽然你们离开了空军部队，但是你们依然是全体空军的骄傲。从今以后，你们要珍惜眼前的一切，认真、努力地在新的岗位上奋斗呀！”

“请首长放心，我们绝不会辜负国家的期望。”战士们严肃地行军礼，并在国旗上郑重地签下自己的名字，同时立下了庄严的誓言。

不久，杨利伟和其他战士展开了全新的航天员训练生活。在学习了一段时间后，杨利伟逐渐对航天事业有所了解。我们国家将载人航天工程大致分为了四个阶段：首先是 1992 年开始的研发方案阶段，其次是 1995 年开始的关于火箭、飞船以及其他相关产品的研制阶段，再次是刚刚开始不久的产品生产以及无人飞船飞行试验阶段，最后则是万人期待的飞船载人飞行阶段。当然，这四个阶段并不是载人航天事业的全部内容，还有其他许许多多方面的研究有待进行。

作为一名航天员，杨利伟深感责任重大，虽然同浩大的载人航天事业相比，自己只是很渺小的一部分，但是却关系到这项事业的整体发展。“今后的训练将非常严格，而我要做的就是不辜负国家和人民的期望。”杨利伟默默在心中给自己定下了目标。

同以前做飞行员比起来，航天员的纪律更加严格，要按照

《航天员管理暂行规定》行事，例如：没有允许不能在外面就餐，节假日不可以随意外出，不能向陌生人暴露自己的身份，等等。各种各样的规定将大家的生活管理得井然有序。

在“红房子”中，杨利伟和战友们上的第一堂课就是：吃饭。这可不是人们理解的简单的吃饭，而是经过营养师仔细研究、合理搭配出来的科学饮食。难道航天员们不会自己吃饭吗？当然不是，之所以这么做，是因为航天员需要时刻保持健壮的体魄，这样才能保证训练正常进行。住在“红房子”里，杨利伟和战友们的一日三餐都是一样的，吃什么、吃多少也是有规定的。

不只是饮食要求严格，大家的外出也是极为“安全”的。无论是探亲、外训，还是疗养，战士们的身边总是有警卫跟着，就连居住的地方都有录像监控。

起初，杨利伟和战士们对严苛的纪律还有些不适应，但是没过多久就习惯了，而且不用领导督促，自己就能掌握分寸。随着学习的深入，各种课程也逐渐多了起来。

第一个阶段的学习是基础理论，看着眼前厚重的《载人航天工程基础》，战士们心中感慨不已：“第一门课就这么有‘分量’呀！”翻开书，大家更是对里面的内容惊讶不已，理论繁多不说，有些还很深奥。此外，还有很多其他基础理论需要学习，这对战士们的记忆力是一项巨大的考验。

第二个阶段主要是专业技能方面的训练，这不仅要求战士们要对飞船十分熟悉，还要对其他与飞船有关的方面都烂熟于心，比如火箭、发射场、燃料等。另外，天文学、野外生存知识也是战士们的必备课程，因为在遇到意外的时候，航天员需要根据星象来判断自己的位置，还要熟悉大自然的植物、动物，以便能够做到自救。

第三个阶段的学习内容是综合训练，也是最为艰苦的学习阶段，在这个阶段内，战士们以实践为主，要接受各种各样的耐力训练，以及操作技能方面的训练，内容繁多、危险性强，是最考验航天员意志的阶段。

对各个阶段的训练简单了解后，杨利伟的好胜心又被勾起来了：“我一定要把所有的课程攻下来！”

战士们的文化水平都是差不多的，面对繁杂的课程，每个人都铆足了劲头学习。这时，杨利伟想到：“若想以最快的速度学到最多的知识，只凭死读书是不行的，还要有技巧。”经过一段时间的学习研究，杨利伟开始琢磨出适合自己的学习方法。

为了记住厚厚的“飞行手册”的内容，杨利伟利用图文结合的方式，不断巩固记忆，虽然教练员没有要求大家必须将里面的内容全部背下，但是杨利伟凭借巧妙的记忆方法将整本书的内容熟记于心，当别人翻书寻找答案的时候，他早已将正确的操作方法做了出来。

在记忆操作程序和要领的时候，杨利伟还编了许多口诀，这个方法是他在当飞行员的时候想出来的，用在现在的学习中也非常合适。那些繁杂的程序变成顺口溜后，很快就让杨利伟背得滚瓜烂熟。

在最考验航天员耐力的训练中，杨利伟一方面吸收教练员提供的方法，另一方面不断从自己的实践心得中总结经验，他本身的身体素质就很好，经过一番练习后，对自己的身体更加了解。搭配适当的学习方法进行练习，杨利伟的表现让大家佩服得五体投地。

除了平日努力学习，杨利伟对待考试也是十分严谨的。每当遇到考核，他总是能够客观对待，从来不会给自己增加不必要的压力。他熟悉自己的优缺点，每时每刻都能弥补自己的不足。为了应对高等数学、英语等他不擅长的科目，他除了努力学习，还会利用一切机会不断积累知识。比如，把握在黑板上做题的机会、抽空听英文等。

就这样，杨利伟一步一个脚印地前进着。他坚信：只要努力，就会有收获；只要踏踏实实学习，就会不断提高自我；只要学会坚持，就会更加接近成功。

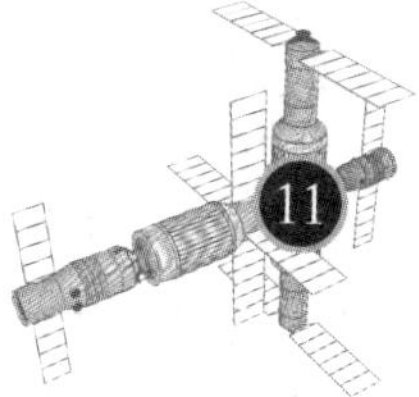

痛并快乐着

同飞行员的训练比起来，航天员的训练更加艰苦。在完全不同于地球的环境中，航天员不仅要操作飞行器，还要完成各项任务，一些在日常生活中非常简单的事情，放在太空中的话就会变得很难做。因此，航天员必须接受特殊的训练。这些训练在考验杨利伟和战友们身体素质的同时，还考验着他们的心理素质。

要想使飞船进入正常的运行轨道，就要摆脱地球的重力作用，这需要飞船有极快的飞行速度，这个速度就是物理学中常说的“第一宇宙速度”。当飞船不断加速时，宇航员就要面临超重的现象，要承受大约8倍的重力加速度。这是一种什么样的压力？过山车是大家比较熟悉的娱乐项目，当人们乘坐过山车急速前行时，会产生一种强烈的刺激感，即使是非常勇敢的人连续坐上两三回，下来后也会感觉头晕恶心，而玩过山车所承受的只有大约两倍的重力加速度。这和航天员所承受的压力比起来，真是不值一提。

这种超重现象不只在进入飞行轨道时会出现，当飞船返回地球时也会出现，而且每次的持续时间都比较长。以前在练习飞行特技时，杨利伟也会遇到超重的问题，但是那段时间很短，人体还能够承受。现在的超重训练却不同，航天员必须长时间忍受超重带来的压迫感。

杨利伟和战友们来到训练大厅，只见一个圆筒状的大家伙出现在眼前，这就是离心机。

“在训练的时候，如果有极度的不适感，就迅速按响警报电钮。记住了吗？”指挥员严肃地对战士们说道。

“记住了。”战士们齐声回答。

坐上离心机，一切准备就绪后，杨利伟开始进行超重训练。离心机以每小时 100 公里的速度旋转着，随着负荷的不断增加，杨利伟脸部的肌肉被拉得变了形，前额越来越突出，眼泪也不由自主地流了下来。这时，杨利伟感觉全身的血液一下子从脑部撤出，被甩向脊椎和下肢，眼前的景物逐渐变得模糊起来，胸口和后背承载着双重压力，五脏六腑仿佛要被压得破裂了，呼吸越来越困难……身体好难受，但是杨利伟没有按响警报按钮，他强迫自己保持清醒，以便能够回答指挥员提出的问题。一段训练结束后，杨利伟感觉自己仿佛经历了一场大磨难，身上的力气被耗得所剩无几，一句话也讲不出来。

不只是杨利伟，其他战士也是如此，大家第一次感受到超重的压迫感，虽然只有四十几秒，可是那种痛苦无以言表。

当飞船顺利进入太空后，航天员们又会进入失重状态。这种状态和超重是鲜明的反差，但危险程度却不相上下。不久，杨利伟和战友们来到俄罗斯加加林航天员培训中心，初来乍到，大家对失重训练充满了好奇。

“以前听俄罗斯的宇航员伯利亚科夫说，失重就像站在全世界最柔软的床上一样，不知道那是一种什么样的感觉。真想快些感受一下。”

“据说，美国的宇航员们每次训练完都会呕吐个不停，他们给失重飞机起了一个新名字，叫‘呕吐飞机’。”

“哈哈。”战士们笑了起来。“管它是‘柔软的床’，还是‘呕吐飞机’，咱们试试就知道了！”战士们互相鼓励着。

一切准备就绪后，杨利伟和战友们钻进机舱中。随着喷气飞机不断地做抛物线运动，战士们进入了失重状态。一轮训练结束后，杨利伟和战友们丝毫没有呕吐的迹象，这一点令俄罗斯的指挥人员十分惊讶，他忍不住称赞道：“很好。”大家听到对方的认可，心中十分高兴。

这次的失重训练机会非常难得，杨利伟分秒必争，用心地在失重飞机中反复练习穿脱航天服、拿东西、写字、拍摄等技能，尽管每次训练都要耗费很大的精力，但是他丝毫不松懈。

由于失重飞机训练的花费很大，所以训练时间有限。不过，日常的适应性训练却没有间断过。“万向床”就是其中的一项，它是主要针对航天员的“血液重新分布”的训练。

躺在那张倾斜的大床上，杨利伟随着床的转动呈现出头朝下的状态。慢慢地，全身的血液开始向他的大脑涌去，杨利伟感觉自己的头上仿佛戴着千斤重的帽子，眼睛开始充血，不一会儿脖子上的青筋也一根根暴起。大床不停地变换着角度，杨利伟凭借着强大的意志力克服身体的不适。

由于这项训练的周期比较长，每当一段训练结束后，杨利伟和战士们的身体状态一时半会儿还无法恢复，就像得了重感冒一样。他半开玩笑地对其他人说：“感冒原来也可以这样得啊！”

除了要适应“血液重新分布”，战士们还要进行“前庭功能”训练。因为在失重的状态下，航天员很容易出现“空间运动病”，症状轻一点的会感觉头晕恶心、肠胃不舒服，若是严重的话将会影响到正常工作。而“前庭训练”就是针对这种现象设计的训练课程。

以前在进行飞行员训练时，杨利伟可以应付旋梯、滚轮等各种训练，而这次的电动秋千、转椅等更加考验他的身体承受力。坐在电动秋千上，杨利伟的眼睛被蒙了起来，身上还贴着电极。随着秋千的剧烈摆动，杨利伟觉得自己好像汪洋中的一叶扁舟，一会儿被巨浪抛上天，一会儿又被甩向大海深处。十几分钟的训练结束后，杨利伟多少有些不适，但是整体状态还不错。经过一段时间的训练后，杨利伟逐渐克服了身体的不适，攻破了电动秋千这一关。

而其他战士就没有杨利伟这么好运了。有的忍耐力比较弱，在秋千上没待多久就吐得一塌糊涂了，耐力稍微强一些的勉强支撑 10 分钟左右。大家看着好像玩过山车一样轻松的杨利伟，都佩服地竖起大拇指。此外，杨利伟还很快攻下了转椅，战友们一个个被转得直冒冷汗，他却因为表现突出而获得了部分免训。

除了借助各种设备进行特训外，飞行、跳伞和野外训练也是航天员们的必修课。这是为了应对意外情况的出现。比如飞船没有按照预定计划降落在准确的位置，而是落在了野外，航天员就必须具备一定的生存能力，在救援队赶来之前进行自救。大家一听说有飞行和跳伞训练，十分兴奋。“这下，咱们又干起老本行了！”有人笑称。大家摩拳擦掌，恨不得马上登上飞机训练。

很快，大家在组织的带领下来到湖北某空降兵部队展开训练。训练开始之前，带队领导十分严肃地对大家说：“同志们，虽然你们都是非常优秀的飞行员，但是依旧不能放松警惕，飞行毕竟是一项极具风险的训练，就连‘世界太空第一人’的加加林都未能幸免。而且不久前，就有一名战士在跳伞训练中意外牺牲。所以，你们绝对不能掉以轻心。如果遇到危险，请立即向组织发出救援请求。”

领导的话让战士们心中一紧，先前的兴奋立刻转变成紧张。杨利伟在心中给自己打气：“不要紧张，按照正常训练认真准备就行。”

跳伞训练进行得还算顺利。之后，就是野外生存训练。经过一番安排，杨利伟和战友聂海胜分在了一组。

训练开始了，大家怀着忐忑的心情坐在机舱中，当飞机到达指定地点后，大家按照分组陆陆续续跳出舱门。杨利伟和聂海胜被投放在了沙漠中，两个人顺利着陆后，立刻开始巡视周围环境。

“真热呀！”这时候正好是中午，两个人热得直冒汗。

“咱们赶紧搭帐篷吧！”杨利伟招呼了一声，两个人就动起手来。他们用刀子将降落伞割开，做成了简易帐篷。

“沙漠中的昼夜温差很大，咱们还得做好保温措施。”杨利伟和战友商量着，很快就找到了保温方法。他们把沙子装进破开的伞布中，一眨眼，一道厚实、坚固的“堡垒”就做成了。两个人看着自己的“工程”，十分满意，争先恐后地钻了进去。“真不赖，一点也不晒了！”杨利伟开心地说道。

“这下咱们就不用担心晚上挨冻了！”聂海胜也很高兴。

干了半天活儿，两个人都有些累了，他们从包中取出食物，按照时间合理分配了一下，挨到第二天中午不成问题。简单地吃了些食物，杨利伟和战友开始养精蓄锐。很快，夜晚降临了。帐篷外的温度果然变得十分低，杨利伟取出温度计测了一下外面的温度，嗬，温度在零下呢！他又测了测帐篷里的温度，零上十几度，感觉很舒适。就这样，两个人有说有笑，坚持到了第二天中午。

任务顺利完成后，杨利伟和战友收拾好行囊，向空中发射了信号弹，原地等待救援。

“怎么才能让救援队很快发现咱们呢？”战友问道。

杨利伟想了想，一眼瞥见橙色的伞布。“有了！”他一拍手，兴奋地说道，“咱们把伞布包在头上，颜色这么鲜亮，直升机一定能发现咱们！”

于是，他和队友一人扯了一大块伞布，做成头巾戴在了头上。沙漠里阳光刺眼，风沙也比较大，两个人就把防雪盲镜拿出来戴上。他们互相打量了一下，哈哈大笑起来：“看起来还不错哟！”

很快，直升机发现了他们，顺利地将两个人送回了部队。看到杨利伟和聂海胜有说有笑地回来，大家开玩笑说：“你们这哪是野外训练呀，简直就像一趟沙漠之旅。”领导也对他们出色的表现大加赞赏，杨利伟听了开心极了。

除了在沙漠中进行训练，杨利伟和其他队员还进行了水面、丛林等野外训练，每一次他都出色地完成了任务。

“虽然大家都能够克服生理上的困难，但是还要有强大的心理承受能力，因为在浩瀚的太空，你们将会面临一个强大的敌人——孤独。它会给你们带来恐惧、烦躁、抑郁等不良情绪，严重的话会影响你们的正常工作和身体健康。所以，大家要学会适应这种环境。”指挥员严肃、客观地向大家阐明了航天员即将面临的心理压力。

不久，杨利伟进入了模拟舱，在狭小的空间中，任何可以与外界沟通的设备都没有，由于周围都是“真空”状态，他甚至连自己的声音都听不到。不能说话、不能做大幅度的动作、没有任何消遣……他只能按时、保质地完成手上的工作。在这种万籁俱寂的环境中，杨利伟不知道究竟过了多长时间，出来的时候已是浑身疲惫。

对航天员来说，任何一项训练都是必不可少的，任何一个操作口令、操作方法、操作顺序都要绝对准确，哪怕是一个小小的失误都将引发毁灭性的灾难。为了能够掌握每一项指令，杨利伟在训练舱中一待就是数小时，他对自己说：“一定要练到闭着眼都能操作的地步！”就这样，他反复练习了很长时间，终于做到了心中有数。

在训练的日子里，杨利伟承受着身体和心理的双重压力，甚至连家也不能回。很多人将航天员的训练比作“魔鬼训练”，但是杨利伟却勇敢地迎接着每项练习。虽然艰苦的训练常常会带来难以忍受的痛苦，但是每当看到自己的成长，他就会感觉很快乐。“痛苦只是短暂的，只要时刻保持积极向上的心态，再苦的训练都是快乐的。”杨利伟凭借顽强的毅力鼓励着自己，也鼓励着身边的每一个人。一名坚强的航天员慢慢成长起来。

零淘汰率的毕业生

航天员的训练依旧如火如荼地进行着。时间不停在往前走，但是大家的训练强度并没有因为时间的推移而减少。尽管平时的任务很多、很难，但是大家的生活也是丰富多彩的。闲暇之余，杨利伟会和战友们去体育馆打篮球、打乒乓球、攀岩等，这些活动一方面能够放松身体，另一方面还可以增强体质。除了运动，杨利伟还会积极参加文艺活动，队里要是有表演，他就会搬出自己的吉他，为大家献唱一曲，或者发挥自己的演讲特长，给大家表演一段读书演讲。有一次，国防科工委举办演讲比赛，杨利伟被大家推选为代表，过了一把巡回演讲的瘾。

“独乐乐不如众乐乐”，不久，杨利伟和战友们商量了一番，决定成立一支管乐队。说干就干，大家各自挑选了一样乐器，又把总政军乐团的老师请来，然后有模有样地学了起来。杨利伟选的是黑管，虽然以前从来没接触过，

但是在老师的指导下，他很快就掌握了演奏技巧。经过一段时间的学习、训练，大家从识谱开始，慢慢地能够演奏了。很快，“航天员大队出了一支乐队”的消息在航天城传了开来，每到有活动的时候，这支航天员乐队就会被请去表演，战士们的生活也变得更加多彩。

转眼间，杨利伟已经在航天城生活了多年，正当训练进入关键阶段时，让人意想不到的事情发生了。

2001 年底，杨利伟突然得到家里传来的消息：妻子病重住院了。原来，因为平日过于操劳，妻子张玉梅患上了严重的肾病。这个消息犹如晴天霹雳，打得杨利伟有些措手不及。得到批准后，他急忙赶到医院。妻子刚做完手术，正躺在床上休息。杨利伟看着憔悴的妻子，心中歉疚不已。最近几次回家，他总听妻子抱怨腰疼，而当他劝妻子看医生时，妻子又会笑着说：“估计是干活累的，歇歇就好。再说了，我还得在家照顾儿子呢！不用担心。”现在，妻子病得下不了床，自己的训练又进入了关键期，第二天晚上就要动身去吉林参加飞行训练，怎么办呢？杨利伟陷入苦恼中。

来医院之前，领导找杨利伟谈过话：“利伟，这次训练你还能去吗？”

杨利伟坚定地回答：“能！我不会错过这次训练的。”航天员的课程落下就无法再补，他不希望因为缺课而给自己的职业生涯留下遗憾。

“不用急着做决定，你再考虑一下吧！”领导的内心也十分矛盾，他当然希望杨利伟能按时参加训练，但又不能让他放着生病的妻子不管。

来到医院后，杨利伟发现妻子的病情远远超出了自己的预想，他开始犯难了：“去，还是不去呢？”

正当杨利伟做着激烈的思想斗争时，妻子醒了。她一眼就看出杨利伟有心事，于是轻声问道：“利伟，你怎么了？”杨利伟想了想，把事情原原本本告诉了妻子。

“这样啊。”妻子面带微笑地说道，“训练要紧，你还是去吧！医院有护士呢，不用担心我。”

看到虚弱的妻子还在为自己着想，杨利伟激动得一句话也说不出来。这一晚，他整夜没合眼，一直陪伴妻子到天明。天亮后，他回到队里告诉领导：“这次的训练我会去。”

领导看着杨利伟坚定的神情，信任地点了点头。

出发前，杨利伟回了一趟家。“平时都是玉梅一个人在操持家务，今天我也来干一回。”杨利伟想。他要让妻子出院时，能够看到家里依然干干净净。

打扫完房间后，杨利伟立刻回到航天员大队和大家会合，连夜登上了开往吉林的火车。

对于杨利伟的情况，领导还是有些不放心：“一方面是家庭的压力，另一方面是训练的压力，这样的状态，杨利伟能够应付吗？”为了帮助杨利伟减轻思想包袱，各位领导总是陪在他身边。

杨利伟看到大家如此关心自己，心中万分感激。训练开始前，他信心十足地说道：“请领导放心，我一定会完成任务的！”

果然，杨利伟以优异的成绩出色地完成了这次训练，大家都对杨利伟的表现佩服得五体投地。

回到北京后，妻子的治疗还没有结束。考虑到杨利伟情况特殊，组织上批准他在妻子住院期间住在家里，以便照顾儿子的生活。每天，杨利伟将时间安排得满满当当，早上准时送儿子出门，然后参加大队的训练，晚上回到家后陪儿子吃饭、做功课，等儿子睡后，他再开始自己的学习。生活过得很紧张，但是杨利伟感觉很充实，平时很少有时间陪儿子，现在正好培养父子之间的感情。看着儿子一点点成长，杨利伟心中十分欣慰。

在接下来的一年多里，妻子的治疗一直没有停，每个月都要到医院住院治疗，杨利伟的训练也越来越紧张。但是无论多忙，他都不会忘记给妻子提前办理好住院手续。有时候需要到外地训练，妻子就自己打点一切。一家人聚少离多，但是依旧幸福地生活着。

在这期间，杨利伟承受着巨大的精神压力，但是他总能够及时调整好心态，丝毫没有影响到训练。2002 年 10 月，中央领导人经过多次讨论研究，终于在大会上作出了决定：首次载人航天飞行将在 2003 年开始实施。这个消息让杨利伟和其他航天员兴奋不已，训练变得更加紧张。

在一片鞭炮声中，航天城迎来了二〇〇二年的除夕。这天晚上，航天员们带着自己的家人聚集在一起，大家笑着、闹着，一同迎来了春节。节后不久，杨利伟又和战友们返回了训练中心，这时组织上下发了最新的指示：航天员选拔进入考核阶段。杨利伟似乎可以感觉到，四周的空气一下紧张起来。“多少年的训练，就看最后考核结果了！”杨利伟知道，接下来就要和朝夕相处的战友们“争”个高低了，这种“争”不是为了个人利益，而是为了事业、为了国家、为了人民！

正当所有人都沉浸在兴奋和紧张中时，“非典”来袭。航天员们马上被隔离起来，这下可急坏了杨利伟：“玉梅的治疗怎么办？”然而没过多久，他就放下心来：组织上已经将妻子的事情都安排好了。于是，杨利伟全身心地投入到了训练中。

2月1日，一个震惊世界的大新闻传来：美国“哥伦比亚号”航天飞船在完成了第28次任务后，于返回途中爆炸，全体宇航员无一幸免。看到这则新闻，所有人的心都揪成了一团，每个人的心都在为遇难的航天员默哀，同时更加清楚地认识到航行的危险。

5月，全体航天员终于迎来了结业考试。首先是笔试，拿到试卷后，杨利伟的脑海中立刻涌现出各种航天理论，他奋笔疾书，在规定的时间内完成了考试；其次是口试，面对考官严格而“刁钻”的提问，杨利伟冷静应答，丝毫没有怯场行为；再次是实际操作，杨利伟抽到了“数管失效”的问题，凭借扎实的理论基础以及敏锐的判断力，杨利伟迅速地做出了行动，在短短几分钟时间内将30多道指令、50多个动作分毫不差地完成了；最后是身体素质方面的考核，杨利伟凭借优良的身体素质顺利通过了考核。

在结束了各种考试测评后，考官们又将所有航天员历年的体检报告、政治报告、心理素质考核、专业技能测定等各个方面的资料调出来，进行了综合评判。在经过紧张而严密的考核之后，7月3日，结果终于公布出来了：载人航天工程航天员选评委员会一致认同，14名航天员全部以优异的成绩通过了结业测试，授予“三级航天员”荣誉资格。杨利伟光荣地成为一名合格的航天员！

5年零6个月，杨利伟和战友们经历了无数磨砺，克服了一个又一个难关，终于成为国家的第一代航天员。这不仅标志着我们国家已经能够独立培养航天员，还创造了世界航天界的新奇迹——中国航天员的训练结果为“零淘汰”！

身为一名军人，杨利伟虽然没有实现小时候保卫祖国的梦想，但是他做到了为国增光，这是同保卫祖国一样的荣耀，而今后，他将继续用自己的实际行动为祖国奉献自己的一生。

进入首飞的考验

14 名航天员顺利通过了结业测试，每个人的心中都是骄傲而自豪的。现在，杨利伟心中最大的梦想就是登上飞船在太空遨游。这不是他一个人的梦想，而是所有航天员共同的梦想。大家在 5 年时间中，尽自己最大的努力刻苦训练，为的就是实现最终梦想。然而，能够实现这一伟大创举的只有一个人。究竟谁能够成为最佳代表，肩负起这一历史重任呢？杨利伟心里很清楚，真正激烈的竞争刚刚到来。

随着结业测试的结束，首飞选拔迫在眉睫，经过一番紧锣密鼓的准备，选拔正式开始。这次的选拔主要分为三个阶段：首先，要从 14 名优秀的航天员中挑选出 5 位表现更加优秀的人作为候选，参加为期两个月的强化训练；其次，当强化训练结束后，要从 5 位候选人当中挑出表现最佳的 3 人，进入下一阶段的训练；最后，进入首飞梯队的 3 名航天员要进行最终阶段的训练，届时将会有 1 个人脱颖而出，他

就是最后的人选。

“机会只有十四分之一，考验才刚刚开始。”杨利伟在心中为自己鼓劲。他知道，大家表面看起来和平常没什么两样，但是每个人的心中都憋着一股向上的劲儿，如果在这段时间有一丝松懈，那么很有可能就此与执行任务的机会失之交臂。虽说有付出就会有收获，但是这一次，只有一个人能够收获最终的果实。伴随着炎炎夏日的到来，选拔也进入白热化状态。

越是在关键的时刻，拥有良好的心理素质越发显得重要。为了考验战士们的心理承受力，考官们制订了一套严格的考核方案。杨利伟发现很多题目在书本上是找不到的，但是他丝毫没有怯场的反应，而是沉着冷静地应对，他的表现令考官很满意。为了加大难度，当大型联合演练开始时，考官们会安排首长现场观摩，在口试的时候，考官会将录音笔、摄像机等设备摆在战士们面前，等等。考核时，战士们的心理压力本身已经很大了，却还要面对同样巨大的环境压力，这对大家来说的确是不同寻常的考验。面对内外压力，杨利伟充分展现出了优良的心理素质，他临危不惧、对答如流、操作到位，出色地完成了5次模拟考试。

2003年7月，经过专家评委的综合讨论，杨利伟以99.5分、99.7分以及3个100分的成绩，名列所有航天员之首，顺利进入第二阶段。

强化训练开始了，杨利伟和其他4名航天员接受了更为严格的考验。为了进一步提升航天员们在特殊环境下的耐力，“血液重新分布”训练进行得更加频繁，每当躺在“万向床”上训练的时候，杨利伟都凭借多年积累的扎实功底全力以赴。此外，他还和其他航天员一起接受了“清理肠道”的考验，身体的不适并没有让他退缩，反而增加了他前进的动力。在接下来大大小小的训练当中，杨利伟始终保持着最佳状态，一丝一毫都不松懈。

很快，两个月的强化训练结束了，战士们的成绩也随之出炉：杨利伟依旧以好成绩位居榜首，成功进入首飞梯队。另外两名队员分别是第二名的翟志刚、第三名的聂海胜。

顺利进入首飞梯队原本应该是一件值得高兴的事情，但是杨利伟却表现得十分平静，因为接下来就是关键中的关键了，他和其他两名战友谁会是“首飞”，就看这一刻了。

考虑到 3 名航天员面临的压力与日俱增，航天医学工程研究所的领导们也十分关心战士们目前的心理状态，于是就挨个找大家谈话。这天晚上，杨利伟来到战友翟志刚的房间，原本想和战友商量点事，谁知正好遇见领导和翟志刚谈话。领导看到杨利伟，就招呼他进来：“我正好要去找你呢！”

杨利伟明白领导要和他说什么，于是开口道：“我知道您想跟我说什么。现在，进入首飞梯队的只有我们 3 个人，最激烈的竞争也在我们之间。不过，请领导们放心，我们都明白这次竞争的意义，无论最后谁会胜出，他都是值得我们骄傲的。我和志刚、海胜都是奋斗多年的好战友，我们都明白这个道理。所以，在接下来的选拔中，我会发挥自己的最佳水平，保证出色完成各项训练任务。”

听到杨利伟一番发自肺腑的话，领导满意地点了点头，他知道这是杨利伟最真实的态度，是值得信任的态度，已经不需要专门谈话了。

现在，距离执行飞行任务已经没有多长时间了，杨利伟和其他两位战友进入了飞行程序和实际执行任务的重点训练中。这次的训练不仅时间短，而且非常关键。之前大家的训练是和整个航天工程的进展同步的，由于是首飞，所以根本没有任何成功经验可以借鉴，只能凭借目前的研究一点点摸索。另外，航天员们要根据“神舟”系列飞船当前的技术、功能状态来调整自己的训练课程。随着飞船技能的不断调整，大家的训练课程也在不断调整，这就好比学生们在教学楼还没有完工、教师缺乏的状态下学习一样，航天员们需要跟着飞船调整的脚步重新学习操作技能。而在这最后一个阶段中，整个航天工程已接近尾声，随着技术内容的成型，各种训练细则、训练目标等内容也确定下来。

杨利伟很清楚目前的状况，他时刻提醒自己：“要做好两方面准备。一方面，为了能够接下首飞的重任，要更加刻苦地训练；另一方面，如果落选，也不能灰心丧气，今后将会面临更加重要的任务。只有保持最佳心态，才能出色地完成各项训练任务，才算得上一名成熟的航天员。”说到落选，杨利伟知道那滋味非常不好受，经过前两轮的竞争，许多战友被淘汰，虽然大家依然笑着祝贺入选的同志，但是那份失落感可想而知。

在首飞梯队的名单公布后，一名战士落选了，杨利伟为了给战友打气，专门陪他在操场跑了一下午步。杨利伟知道战友心里不好受，于是一边跑一边说：“不要气馁，要相信自己，只要不放弃，继续努力拼搏，以后还会有机会的！”

在杨利伟的关切鼓励下，战友很快就振作了起来，他说：“‘一人一天’是客观存在的事实，虽然没能参加这次的任务，但是作为一名军人，还会面临很多其他任务，只要国家需要，我就会勇敢冲上去。无论谁会去执行这次的任务，他都是大家的代表！我依然会继续履行自己应尽的职责。”战友的话不仅说出了自己的心声，还道出了所有航天员的心声。这一刻，杨利伟深切地感受到团队的力量。

转眼间，酷暑难耐的夏日结束了，北京迎来了让人神清气爽的秋天。在这秋高气爽的日子里，首飞梯队的“强化训练”也慢慢展开。这次的训练任务需要在飞行程序模拟器中完成，要求3名航天员借助各种设备一丝不苟地执行正常飞行的任务，并且及时应对飞行中出现的特殊情况。

论实力，首飞梯队的3名成员不相上下，那么如何才能从中选出最优秀的一位呢？专家们经过一番商讨，在考核训练中暗暗设置了重重障碍。当航天员们进入舱内检查飞船的初始状态时，专家们早已设置好错误的状态，等待航天员们去发现和处置。尽管大家平时的训练过程都是相同的，不过在专家设置的障碍面前还是会表现出各自的状态，通过观察3人的不同反应及应对措施，专家们做出了最为客观、公正的评判。

模拟程序考试一共进行了5次，在考核期间，杨利伟的表现一直很出色。不久，成绩公布了，他有3门测验是100分，另外两门测验都在99分以上，这次他的成绩依然是3个人当中最高的。这让杨利伟心中平添了不少自信。

9月初，评选委员会召开评选大会。这次会议引起上级领导的高度重视，由总指挥李继耐亲自主持。专家们对3位航天员的成绩展开讨论、研究，又综合以往的训练表现，以无记名的投票方式进行了票选。会议结束后，票选结果没有公开。然而此时此刻，杨利伟自信满满，他在心中对自己说：“杨利伟，你可能就是首飞。”

选拔训练依旧在进行中。9 月 14 日，全体航天员齐聚酒泉卫星发射中心，在这里，杨利伟和其他两位战友将进行新一轮的训练和选拔。

这是一次“人—船—箭—地”的综合演练。杨利伟坐在飞船中，有条不紊地操作着各项指令。时间走到 3 分 20 秒，杨利伟立刻向指挥中心报告：“我已将整流罩顺利抛除，能够看到窗外的天空了。”杨利伟的汇报出乎大家的意料，因为所有的演练都是模拟状态，航天员并不会真正看到窗外的景色，而杨利伟完全是凭借自己的想象将应该出现的景色呈现在了众人面前，这一举动虽然不曾在训练中涉及，但是拿捏得非常准确。

在场的人无不叫好。一位老总不由得感叹道：“你们的航天员训练得果然出色，没想到他连这种事情都知道！”

总指挥十分自豪地回答说：“那当然了，我们的航天员有什么不知道的？”

这次的训练考核，杨利伟完成得很顺利，其他两名航天员也在规定下完成了各自的训练任务。9 月 24 日清晨，杨利伟和全体航天员在“圆梦园”集合，这是训练的最后一天，航天员们举行了庄严的升旗仪式，大家还在“圆梦园”南侧的纪念林中亲手种下了一棵“纪念树”，这棵树承载着所有人的飞天梦。

训练结束后，杨利伟和战友们又返回了北京，接受发射前最后一轮的训练。9 月底，中央电视台的《面对面》栏目来到航天员训练中心采访，这段时间预防“非典”的活动仍在继续，而首飞选拔也进入了关键时刻。在这样特殊的时期，杨利伟还是用最佳的状态接受了记者王志的采访，这是他人生中的第一次电视采访。为了避免空气传播，确保杨利伟的安全，记者坐在下风向，顶着几台大电扇的强风对杨利伟进行采访，这让杨利伟十分感动。“国家和人民对我们航天员给予了极大的厚爱和期望，我一定要用自己的实际行动向祖国致敬！”一个坚定的信念从杨利伟心中油然而生。

10 月初，领导开始对首飞梯队的航天员以及他们各自的家属进行谈话。领导找到杨利伟，开门见山地说道：“这次的任务十分艰巨，你们三个人当中只能有一个人入选，你有什么想法？”

杨利伟毫不犹豫地回答：“如果被选上了，我能保证飞行完全没有问题，而且我会把这次的任务当做以往的训练，以最佳的状态全力以赴；如果落选，我也会继续认真履行自己的职责，直到飞船起飞前的最后一秒，我都会时刻准备着，随时听候上级指示。”

领导满意地听着杨利伟的答复，然后又把所有与首飞任务有关的事项同他谈了一遍。最后，领导突然问道：“所里有没有跟你说？”

杨利伟有些不解：“说什么？谁也没跟我说过什么。”

领导看着杨利伟认真的神情，沉思几秒后说道：“到目前为止，你的综合素质排名都是最高的，现在的状态很好，你要继续保持下去。”

听了领导的话，杨利伟认真地点了点头。虽然领导依旧没有说明谁是最后入选的人，但是杨利伟对自己有信心，他将以最佳的状态迎接最后一刻的到来！

这一刻就是我

距离“神舟五号”飞船发射的时间越来越近了，载人航天发射场和航天城被笼罩在一片紧张氛围中，所有工作人员紧绷神经，夜以继日地奋斗在自己的岗位上。自从2003年7月以来，飞船发射就进入了最后的冲刺阶段。北京、上海等地的专家、学者、指挥员、技术员等齐聚酒泉卫星发射中心，在载人航天发射场做着严密的准备工作，每一个航天人都满怀激动地迎接着最后一刻的到来。

转眼间，国庆节到了。这时，首飞梯队的航天员们接到上级的指示：放假三天。这对杨利伟来说是个难得的假期，他粗略算了一下，距离上次和家人团聚已经过了半年多了呀……很快，杨利伟见到了久别的父母，因为还处在“非典”的特殊时期，所以两位老人专门从老家赶到北京来看望儿子，还给他带来了大个儿的螃蟹。一家人乐融融地聚在一起，杨利伟感觉幸福极了。

老人对杨利伟的工作很关心，忍不住问道：“最近过得怎么样？能飞吗？”

他们问得很含糊，但是杨利伟知道父母想问什么。这一年航天界并不平静，接二连三的灾难摆在眼前，老人没有理由不担心。为了让父母安心，杨利伟笑着说：“挺好的，我现在是首飞梯队的一员，有可能会飞吧！”随后，他岔开了话题，向老人问起了家里的情况。

看到儿子泰然自若的神情，老人也多了些安慰。毕竟一家人团聚的时间有限，大家也尽量避免谈及和航天有关的话题，乐呵呵地度过了三天假期。

10 月 11 日晚上，杨利伟想和妻子张玉梅说几句话，因为第二天他就要和战友们赶赴酒泉卫星发射中心参加最后的冲刺了。冥思苦想了一阵后，他拿起桌上的电子闹钟对妻子说道：“我教你调时间吧，不然等我走了就没人给你调了。”平时，妻子不会用这个电子闹钟调时间，都是杨利伟来调。

正当杨利伟要动手调时，妻子突然意识到什么似的，一把将闹钟抢过来，略带急切地说：“不用，反正过几天你就回来了，等你回来再给我调也不迟。”

杨利伟一怔，立刻会意。他感激地看着妻子，一句话也说不出来了。

一场秋雨一场凉。10 月 12 日清晨，杨利伟和另外两名航天员起了个大早。这一天对他们来说是不寻常的日子。他们将告别北京航天城，向酒泉卫星发射中心进发。这次出行，有的人可能几天后就会回来，而有的人也许从此一去不复返。

广场上，早已聚集了一大批人，人们站在清冷的空气中，敲锣打鼓地为三位航天员送行。看着眼前的景象，杨利伟不禁想到了以前在书上看到的一幕场景：

苏联航天员加加林要去执行首飞任务了，他对母亲说：“妈妈，我要出差了。”

母亲问道：“儿子，远吗？”

“是啊，远，妈妈。”加加林回答。

“那有多远？”母亲的言语中透出无限关切。

“远极了，妈妈。”加加林平静地注视着母亲。

在喧闹的人群中，杨利伟看到了自己的父母和妻儿，他快步走上前，和亲人道别。

母亲握着杨利伟的手，关切地问：“儿子，冷吗？”

杨利伟摇了摇头，说：“不冷。妈、爸，你们要多注意身体，别着凉。不用挂念我。”

对父母嘱咐了一番后，杨利伟转身看向妻子。妻子表现得很平静，她张了张口，想说些什么，却又不知如何说，只突兀地问道：“便服带了吗？”

杨利伟知道妻子想极力掩饰心中的慌乱，于是笑呵呵地说：“我又穿不着便服。”

“那……记得到了以后往家打电话。”妻子想了想说。

这时，儿子不停地摇着杨利伟的手，喊道：“爸爸，记得早点回家，你答应要教我打游戏机呢！”

杨利伟俯下身来，在儿子脸上亲了亲，说道：“好的，你要听妈妈的话哦！”

最后，杨利伟微笑着对家人说：“放心吧，国家花了这么大力气培养我们，早就把所有问题都考虑周全了，安全很有保障的。而且我也练了五年了，所有的技能都掌握了，绝对没问题的！”

随后，首飞梯队的三名航天员和大家一一作别，在热闹的鼓声、鲜红的标语以及亲人战友的祝福中，坐上汽车出发了。

很快，航天员们登上了飞往酒泉卫星发射中心的飞机，和他们一同登机的还有总装备部的政委迟万春中将。落座时，迟政委背对着机头坐在杨利伟对面，这时，杨利伟慌忙站起身说："您坐在这里，我坐那儿！"

迟政委却摆了摆手，说道："没关系，你就坐在那里。现在你们航天员是工作中心，我只负责陪同。"

看到领导态度坚决，杨利伟只好坐回原位。

在飞机上，迟政委和杨利伟聊起了天："现在，十六届三中全会正在进行，但是中央领导对'神五'非常关注，所以特批李继耐总指挥缺席会议，前来主持这次的任务。连我这次请假陪同你们去酒泉，中央都十分支持呢！"

听着领导的话，杨利伟心中涌起一阵暖流。

迟政委继续说道："今年 8 月份的时候，我去巴黎参加了国际宇航协会举办的年会。大会上，国际宇航协会的主席说了这么一句话：'目前，全世界有两个半国家能够独立发射飞船……'他说的那'半个国家'就是指咱们中国。我听后很自信地告诉所有与会者：'很快我们就可以将"半个"补全，到时候，中国就是第三个能够独立发射飞船的国家。'所以，这次的任务对你们来说十分艰巨，对我们整个国家来说也是非常重要的。"

这番话让杨利伟心中激情澎湃，他坚定地对迟政委说："我们全体航天员都会全力以赴，无论谁会担起这次任务的重担，他都会成功完成国家赋予的使命！"

"好样的，国家对你们很放心！"这个回答令迟政委很欣慰，他对航天员们的表现十分满意。

几个小时后，飞机顺利抵达目的地。一下飞机，航天员立即赶赴酒泉卫星发射中心的“圆梦园”。总指挥李继耐和其他专家们早已等在那里迎接他们。见到领导，三个人马上排成三角队形，昂首阔步走上前去。杨利伟立正行礼，大声地向领导汇报：“报告总指挥，首飞梯队全体成员奉命前来执行任务，请指示！”

总指挥微笑着，一边同战士们握手，一边说道：“同志们辛苦了，希望你们在这几天的工作中身体健康、工作顺利、精神愉快。走吧，先进屋歇一歇。”

在总指挥和其他领导的带领下，杨利伟和战友们向航天员公寓“问天阁”走去。不一会儿，一幢黑白相间的徽式小楼映入人们的眼帘，这是专门为航天员建造的公寓，名字取自大诗人屈原的名篇《天问》。看着这幢简洁的公寓，杨利伟不禁想道：“不久之后，我们一定会把中华民族几千年来飞天的梦想变成现实！”

在“问天阁”中，总指挥告诉航天员们：“现在，‘神舟五号’飞船已经通过严密的测试并顺利转运到发射塔架了，各个系统也整装待发，就差你们这股‘东风’了。全国人民都在关注这次飞行，希望大家可以用最好的状态来迎接最后的挑战，这个历史重任就交给你们了！”

在接下来的日子里，杨利伟和另外两名航天员接受了更为全面的体检和训练。尽管飞行程序已经练习了无数遍，但是大家依然保持着一丝不苟的态度，丝毫不放松。

10 月 14 日，载人航天工程指挥部召开了紧急会议，在对气象专家提供的报告几经研究后，我国第一艘载人航天飞船的正式发射时间确定了：2003 年 10 月 15 日 9 时。然而，首飞名单还没有公布。“究竟谁会入选呢？”杨利伟在心中猜测。下午三点的时候，杨利伟给家里打了一个电话。他先问候了父母，然后对妻子说：“目前还没有什么变化……”

妻子很快明白了他的意思，嘱咐道：“保重好身体，家里一切都好，你专心工作。”

两个人简单聊了几句就挂断电话了。

下午五点，杨利伟和其他两名航天员参加了记者见面会，这是三个人首次集体亮相。

这时，新华社的记者问：“我国第一位‘太空人’将在你们中间产生，那么，在这个激动人心的时刻，你们有什么话想要对祖国和家人说吗？”

杨利伟回答说：“首先我要感谢祖国这么多年来对我的培养，也感谢人民对我的信任，我们一定会完成这次历史重任，不让祖国和人民失望。另外，我想对我的家人说，感谢你们自始至终对我的支持和鼓励，我已经完全准备好了，不要为我担心。”

《解放军报》的记者接着问道：“作为我军优秀的战斗机飞行员，以及我国出色的第一代航天员，请问你们在此刻有什么话想对三军将士说吗？”

面对记者的提问，杨利伟再次干脆地回答道：“服从命令、听从指挥、不畏艰难是我军的光荣传统，作为一名军人，我会认真履行自己的职责。我们非常感谢全军战友的鼓励和关心，请大家放心，我们会坚决完成任务的！”

杨利伟的回答赢得全场一片掌声，尽管此刻他还不知道首飞者的名字，但是他对这次任务抱着坚定的决心。

其实，首飞航天员的名字早就确定下来了。

10 月 14 日下午，载人航天工程指挥部再次召开会议，大会的核心问题就是：确定首飞人员。摆在各位领导面前的是三名航天员的详细资料，经过大会讨论，最终的结果是：由杨利伟担任首飞航天员！

那么，什么时候通知杨利伟呢？

“会议结束后就通知，这样有利于航天员调整心态。”

“明天早上通知比较好，这样不会影响航天员休息。”

领导们各抒己见，一时间争执不下。这时，总指挥发言了：“这件事就交给航医所的同志决定吧，他们最了解航天员的情况。”

航医所的领导回答：“我们决定今天就向大家公布结果，优秀的航天员是不会因为这点小事而乱了方寸的，不然的话又怎么能顺利执行任务？”

晚上七点，杨利伟参加完记者会回到“问天阁”，不一会儿航医所的政委来了：“利伟，告诉你一个好消息，你被选为首飞航天员了。”

这个结果，杨利伟早已料到，他心中涌过一股暖流，但是这并不影响他的情绪。他平静地对政委说：“感谢祖国和人民将这一机会赋予我，我一定不会辜负大家的期望，坚决完成任务。”

看到杨利伟依旧保持良好的心态，政委放下心来，他和杨利伟谈了一些具体的准备工作，最后说道：“保持好状态，祝你顺利完成任务。”

杨利伟知道政委关心他当晚的休息状况，于是说道："请领导放心，我会休息好的。"

政委满意地点了点头。从杨利伟的房间出来后，他又找其他两名航天员谈话，大家得知结果后的表现都很好，这让他十分欣慰。

不一会儿，两名航天员来向杨利伟表示祝贺，他们为杨利伟感到由衷的高兴，同时也非常关心杨利伟的压力状况。讨论完一些技术问题后，聂海胜对杨利伟说："利伟，这里的一切你都不用担心，我们会帮你处理好的，你就放心执行任务吧！"

杨利伟感激地点了点头。此时此刻，他没有大喜大悲。在面临如此重大事件的时候，还依旧能保持坦然自若的状态，这一刻，杨利伟做到了最真实的自己！

走向发射塔

2003 年 10 月 15 日凌晨两点钟，杨利伟的房门被轻轻叩响。“利伟，该起床准备了。”随行的医生轻声唤道。

杨利伟迅速起床，穿戴整齐，他看了一下表：两点多一点。“睡了五个小时啊……”杨利伟心想。这一夜，他睡得十分香甜，连梦都没有做。

走出房门，杨利伟到医生处做常规检查。一见到杨利伟，医生就笑呵呵地说：“睡得不错吧？第一次叫你，你都没反应呢！”

杨利伟这才知道，原来之前医生叫过自己一次。他不好意思地笑了笑说：“睡得太沉了，没听见。”

看到杨利伟精神百倍，大家都暗自佩服他心理素质好。

医生很快公布了杨利伟的检查结果：血压、心率、体温一切正常。这次首飞任务的执行者就是杨利伟了！首飞的人选没问题了，飞行前

的各项工作也按照既定程序有条不紊地进行着。

杨利伟在两位战友的陪同下去吃早餐，早餐的内容与往常一样，于是他就点了一份面条。

“利伟，你坐中间。”两位战友将餐桌中间的位置留给杨利伟。

这时，翟志刚像变戏法似的，不知从哪找来一瓶红酒，他给聂海胜倒了半杯，又给自己倒了半杯，然后对杨利伟说：“利伟，一会儿你就要起飞了，这顿饭就当我们兄弟俩为你饯行。你不能喝酒，就用水代替吧！”说着，他给杨利伟倒了半杯水。这时，他又感觉少了些什么，然后就在水中加了两滴红酒。“白水太单调了，给你也添点喜庆色！”

“谢谢！”杨利伟从战友手中接过酒杯，真诚地说道。

“利伟，祝你以最佳状态完成任务凯旋！”战友们举起酒杯，为杨利伟送上最真挚的祝福。

杨利伟起身和战友们碰杯，满怀感激地喝下了这杯寄托着无限祝福的“壮行酒”。

时间一分一秒地过去，一眨眼已经凌晨 3 点了，杨利伟开始为飞行做准备。离开“问天阁”时，杨利伟在公寓的门上郑重地签下了“首飞航天员杨利伟 2003.10.15 凌晨 3:00”的字样，另外两名航天员也分别签下了自己的名字和日期。战士们为什么要在门上签名？原来，这道“程序”是从俄罗斯宇航员那里学来的，在执行任务前，俄罗斯宇航员会将自己的名字和日期写在各自的公寓门上。虽然是从国外“引进”的做法，但此时此刻，对杨利伟和两位战友来说，这是铭记历史性时刻的最好方式。

从“问天阁”出来，杨利伟进入了紧张的准备工作中。准备工作的程序一如训练时复杂而烦琐，但是杨利伟没有丝毫烦躁，他依旧平静地配合着工作人员的检查：检测各项生理指标、穿生理背心、贴电极、穿“尿不湿”、测试航天服、测试无线电……所有准备程序检测完后，教练员又给杨利伟讲解了几遍从哪条路去发射场，进舱时要注意哪些问题等。杨利伟认真地听着，在心里默默地重复着。当一切准备就绪后，大家都不说话了，随着时间的推移，临战的紧张氛围越发浓重，每个人的脸上都是一副严肃的神情。这时，翟志刚和聂海胜走上前来，他们看着杨利伟说道：“利伟，我们相信你一定没问题。放心去吧，大家都在这儿等着你胜利归来！”

距离5时20分还有几分钟，杨利伟和战友们来到“问天阁”的会见厅，等待参加即将举行的“航天员出征仪式”。杨利伟穿着厚重的航天服坐在前排的座位上，翟志刚和聂海胜则分别站在他的身后，伴随着相机的快门声，三位战士在一起的庄严时刻被记录了下来。这时，会见厅一侧的门被打开了，杨利伟透过玻璃罩循声望去，只见胡锦涛总书记和其他中央领导人微笑着走了进来。

“啊！总书记来为我壮行了！”杨利伟心中一惊，赶忙从座位上站起来。

对于首次载人航天飞行任务，中央领导人给予了非常大的关注。10月14日下午，党的十六届三中全会刚刚结束，胡锦涛总书记就和中央的几位领导一同坐上了开往酒泉卫星发射中心的专机，用最快的速度抵达了目的地。现在，他正面带微笑站在三名航天员面前。

胡锦涛总书记向航天员们挥了挥手，亲切地说道：“杨利伟、翟志刚、聂海胜同志，你们好。不久之后，‘神舟五号’飞船就要发射了，这是你们以及全国人民盼望已久的庄严时刻。杨利伟同志，你将代表全国人民出征太空，实现中华民族几千年来的伟大梦想。祖国人民相信你一定会以优秀的表现出色地完成这项历史重任。大家会在这里为你祝福，迎接你胜利归来！”

虽然和总书记隔着一层厚厚的玻璃，但是杨利伟依旧可以清晰地听到总书记的讲话，他坚定地说道：“请总书记和祖国人民放心，我一定不会辜负大家的期望，全神贯注、一丝不苟地做好每一个动作，将任务圆满完成！”

这时，杨利伟看到所有人的脸上都露出了激动的表情，他仿佛可以听到大家强烈的心跳声，这声音就像雄壮的号角，鼓舞着他勇往直前。

出征仪式虽然只有短短的几分钟时间，但是给杨利伟带来了无穷的动力。他向在场的所有人举手敬礼，然后提着航天服地面通风箱向侧门走去。马上就到门口了，杨利伟再次转过身来向大家挥手道别。这时，胡锦涛总书记快步向前迈了两步，他满含热泪向杨利伟挥了挥手，这一举动让杨利伟永生难忘。

这泪光饱含着多少关切与期望呀！这一刻，杨利伟的心沸腾了：“这不仅是总书记对我的关怀，更是全国人民对我的期盼，我一定要克服一切困难，向祖国人民交一份满意的答卷。”此时此刻，杨利伟的心中充满勇气，在总书记殷切的注视下，他坚定地踏出了通往院外的侧门。

5 时 28 分，在两位战友的陪同下，杨利伟走出航天员专用通道，来到“问天阁”前的广场上。远方，黎明前的曙光即将出现。深秋的大漠是寒冷的，然而人们的热情早已将寒气击退。杨利伟被眼前浩浩荡荡的送行队伍惊呆了，片刻之后，他才反应过来，这是人们在向勇士表达敬意呀！在欢腾的队伍中，杨利伟看到了自己朝夕相处的战友、日夜奋战在第一线的工作人员。大家热切地注视着杨利伟，大声喊道：“杨利伟，祝你成功！我们等着你胜利归来！”

杨利伟感激地向大家挥了挥手，然后在欢快的《迎宾曲》中径直向早已等候多时的总指挥走去。看到杨利伟在预定位置站定，人群立刻安静下来。“报告总指挥同志，我奉命执行首次载人航天飞行任务，准备完毕，待命出征，请指示！中国人民解放军航天员大队航天员，杨利伟！”杨利伟立正，大声向总指挥报告。

“出发！”总指挥发出庄严的命令。

“是！”杨利伟领命，向总指挥行了一个标准的军礼。此刻，周围再次沸腾起来，闪光灯、人们的欢呼声此起彼伏。

杨利伟走到汽车前，回过身来向两位战友告别。翟志刚和聂海胜同杨利伟拥抱在一起：“利伟，咱们明天见！”说着，两位战友留下了离别的泪水。

杨利伟拍了拍战友们的肩，说道：“放心，我一定会回来的！”

这时，《歌唱祖国》的音乐声响起，欢送人群开始吟唱：“五星红旗迎风飘扬，胜利歌声多么响亮，歌唱我们亲爱的祖国，从今走向繁荣富强……”在雄壮的乐曲声中，在人们的欢呼声中，杨利伟登上了开往发射塔的汽车。

千年之前，中华民族就对浩渺的苍穹产生向往之情；千年之中，无数炎黄子孙为了探索宇宙的奥秘付出了大量心血；千年之后，龙的传人承载起这历史赋予的重任，毅然决然地踏上了天路。杨利伟，一个平凡的人，却敢于用他那满腔热血问鼎苍穹。这一刻，他像一支蓄势待发的利箭，只等着划破九天。

你好，太空

在熹微的晨光中，大西北的戈壁滩上驶来一列雄壮的队伍，这是一列由警车、摩托车、特护专车组成的车队，中国首飞航天员杨利伟就坐在专车中。霞光洒在肃穆的胡杨林上，洒在潺潺流淌的弱水河中，它一路护送着车队驶向最终的目的地——火箭发射场。在那里，“长征二号 F”火箭像一柄利剑矗立在天地之间，在霞光的映照下，箭身上的五星红旗和“中国航天”四个大字鲜艳夺目。

10 月 15 日 5 时 50 分，车队顺利抵达目的地，杨利伟走下车，总指挥与载人航天七大系统的科学家们也陆陆续续赶到发射塔架下。“杨利伟同志，你放心，我们的系统是最稳定、最安全、最保险的，你一定会顺利完成任务胜利归来的！”几位领导再次嘱咐了杨利伟一番。这些对研究一丝不苟的科学家很少会用到“最”字，现在他们用肯定、坚决的态度反复对杨利伟说“最”，这不仅是为了证明“我们的飞船

是最好的”，还是为了增加杨利伟的信心呀！

杨利伟感激地向几位领导做了最后的道别。

6时整，杨利伟乘坐发射塔架防爆电梯，登上了飞船平台。这时，现场除了他，还有一位教员、一位工程师以及一位医生，其他人员和车辆早已撤离现场。这时，离进舱的规定时间还有十几分钟，四个人默不作声地站在发射平台上等待下一刻的到来。塔架发出“咔嗒咔嗒”的机械声，远处几台摄像机目不转睛地注视着眼前的一切，杨利伟从来没有觉得时间过得如此慢，他在心中默默地叨念着：“时间，你快些走吧！”寂静、寒冷让在场的四个人不由得紧张起来。

这时，一个人打破了沉默：“现在还有一段时间，咱们不如给利伟讲个笑话，好让他放松一下心情。”

“好啊！”大家纷纷表示同意，可是面面相觑了一阵，却没有人知道要讲些什么。

就在大家尴尬地互相张望的时候，负责关舱门的工程师说话了：“当年苏联的航天员加加林执行任务时，也有一位工程师帮他关舱门。利伟，你知道这位工程师后来干什么了吗？”

杨利伟被问得一头雾水，于是摇着头回答：“不知道。”

工程师公布了答案：“后来，这位工程师当上了俄罗斯航天博物馆的馆长。”

“……”

工程师的这个“笑话”实在有些不好笑，大家谁也没有笑出来，不过紧张的氛围还是得到了些许缓和。

在度过了漫长的十几分钟后，终于，6时15分到了！“‘神舟五号’可以进舱！”杨利伟接到命令后，立刻钻入舱中。在工程师的配合下，他仔细地检查着飞船的各个部位。十几分钟后，检查工作完毕，杨利伟从工程师手中接过“返回舱状态确认单”，郑重地签上了自己的名字。

一切就绪后，杨利伟示意工程师：“可以关舱门了。”

工程师看着杨利伟说道：“利伟，我们明天再见！”

“好的，‘馆长’，明天见！”杨利伟微笑着回答。这时，工程师和站在后面的两位工作人员都笑了。在这紧张的时刻，杨利伟还能保持沉着的心态，这让他们既高兴又佩服。

现在，发射场除了进入飞船的杨利伟外，已是空无一人。杨利伟将通信头戴连接上，将供氧和通风软管连通，然后又检测了一下航天服的气密性，并将航天服通风机打开。完成这一系列动作后，他在特制的座椅上坐了下来。

杨利伟将舱体认真地环视了一圈，飞船里的景象让他感觉新鲜和惊奇。虽然平时训练过很长时间，但那都是在模拟状态下进行的。这次，杨利伟坐在了真正的飞船中！他闭上眼，将眼前的景象和记忆中的训练景象结合起来，很快，各种程序、动作清晰地展现在脑海中。杨利伟马上进入了工作状态，他按照顺序熟练地操作着每个程序，很快就将一百多个动作顺利完成了。

就在杨利伟有条不紊地做着准备工作时，北京航天城指挥大厅中，他的家人正在紧张地盯着大屏幕，注视着他的一举一动。

10 月 14 日晚上，杨利伟的妻子张玉梅接到了一个电话，是中国航天员训练中心的负责人打来的。这个时候，张玉梅并不知道自己的丈夫被选为首飞航天员，负责人也没有在电话中明说，但是她可以确定，“执行首飞任务的就是利伟了”。放下电话，张玉梅将这个消息告诉全家人，大家都沉默了。尽管杨利伟离开后家里的生活与往日没什么两样，但是张玉梅知道，在这平静的生活背后，那无形的焦虑和牵挂与日俱增。

“快，打开电视看看有什么新闻。”两位老人突然说道。

张玉梅赶忙打开电视，紧张地盯着屏幕中的每一条新闻。这一晚，一家老小在电视前一直坐到半夜1点多。

第二天一大早，张玉梅就和两位老人、儿子一同赶到了北京航天城指挥大厅，在这里，他们终于见到了日思夜想的亲人——大屏幕中的杨利伟。

时间迈着稳健的步伐不急不缓地向前行进，杨利伟在船舱中默默等待最后一刻的到来。耳边每隔一段时间就会出现零号指挥员的报时声，历史性的一刻就要到来了！

“60分钟准备！”

“30分钟准备！”火箭发射塔架开始一点点打开。

“15分钟准备！”这时，杨利伟听到了总指挥的讲话：“杨利伟同志，‘神舟五号’马上就要起飞了，我们在场的所有人都会与你并肩作战，协助你完成‘成功发射、精确入轨、安全运行、顺利返回’的任务。国家的历史重任就交给你了，希望你继续保持最佳状态，有条不紊地完成每一个动作。我们相信你一定会出色完成这项任务，祖国人民期盼你胜利归来！”

杨利伟坚定地回答道：“请首长放心，我一定不负众望，用最佳的表现向国家交一份满意的答卷！”

“利伟，明天在内蒙古草原上，我们等着你胜利归来！”

“祝你顺利完成任务！”

…………

随着时间的逼近，人们的祝福声渐渐淡去。杨利伟全神贯注地听着零号指挥员的声音。

“5 分钟准备！”这时，他再次仔细检查了束缚带，确保自己牢牢地固定在座椅上，然后他抬手将面窗关好，最后双手紧紧握住操作盒，安静地等待起飞命令的发出。

“1 分钟准备！”

30 秒、20 秒、15 秒……最后 10 秒进入倒计时！“10、9、8、7、6……”所有人都屏住了呼吸，当数到“4”的时候，杨利伟微笑着抬起右手，向所有关注他的人行了一个庄严的军礼。这是出乎所有人意料的动作，顿时，指挥大厅掌声雷动，人们满含热泪地注视着大屏幕中的飞天英雄，在心中为他喝彩！

“点火！起飞！”

2003 年 10 月 15 日 9 时，“长征二号 F”火箭发出一声怒吼，喷吐着炫目的火焰直冲云霄。这一刻，全国人民沸腾了！整个世界震惊了！中国第一位太空人杨利伟带着一个民族的重托踏上了天路。

杨利伟全身肌肉紧绷，像一块磁铁似的紧紧吸在座椅上。在火箭的带动下，飞船平稳地飞升着，他的脑海中开始显现下一步的动作，他目不转睛地盯着仪表板，手里牢牢地抓着操作盒。

随着逃逸塔分离、助推器分离，火箭的速度越来越快。杨利伟知道火箭在逐渐加速，他感觉到压力正在一点点加重。当火箭飞升到三四十千米高的时候，意想不到的事情发生了。火箭和飞船开始剧烈抖动起来，并产生了强烈的共振。“这种现象不应该出现呀！训练中从来没有这一项，该如何应对呢？”杨利伟快速地在脑海中搜寻解决方案。痛苦的感觉越来越让人难以忍受，杨利伟感觉自己的五脏六腑都要碎了。“必须坚持住！”他给自己下了死命令。

此时，指挥大厅的所有人紧紧地盯着大屏幕，他们看到杨利伟一动不动地坐在座椅上，不知道飞船中到底发生了什么事……

共振持续了大约 26 秒，随后慢慢退去，杨利伟凭借优良的身体承受力和顽强的毅力终于克服了最为痛苦的时刻！ 3 分 20 秒后，整流罩抛除，阳光瞬间透过舷窗照射进来，杨利伟忍不住眨了一下眼。

“看啊！眨眼了！利伟眨眼了！他还活着！”一阵惊喜的声音划破上一刻难耐的寂静，指挥大厅所有的人立刻欢呼起来。这时，杨利伟的声音传来：“‘神舟五号’报告，整流罩打开正常！”刹那间，白发苍苍的老科学家、身材魁梧的大队长、年迈的父母、病弱的妻子、年幼的儿子……所有在场的人都流下了激动的泪水。上一刻，他们以为失去了一位亲密的战友、至爱的亲人，这一刻，他们得知他还活着，万般感受涌向心头，怎能不让人动情？

9 时 9 分 47 秒，“神舟五号”飞船与最后一级火箭分离。大约 9 时 10 分的时候，飞船顺利进入预定轨道。杨利伟感觉自己的身体突然被一只无形的大手向上提起。“进入失重状态了。”他暗暗想。与此同时，阳光洒满了船舱，杨利伟看到飞船中所有的束缚带仿佛变成了海洋中的水草，向上飘摇摆动着。就连细小的灰尘也像生出了生命的翅膀，“噗”的一下飞了起来。

“我到达太空了，飞船一切正常！”杨利伟看着眼前“生机勃勃”的景象，在第一时间将这份喜悦传达给地面上的人。

“太棒了！”指挥大厅一片沸腾。人们欢呼雀跃，从这一刻起，杨利伟代表全体中国人叩响了太空的大门，中华民族几千年的“飞天梦”终于成真！

17 太空的神秘景象

看着船舱内物体起伏的景象，杨利伟感觉自己也要飘起来了，尽管身体被束缚带固定在座椅上，但是他还是可以感觉到自己的身体和座椅分离开来了。这时，“神舟五号”飞船正以每秒 7.83 千米的速度运行着。很快，腾空的感觉消失了，杨利伟开始觉得头向下沉去，而脚却向上升起。他知道，失重带来的错觉开始出现。凭借多年的训练经验以及超强的意志力，杨利伟逐渐克服了不适，将身体状态重新调整回来。

逐渐适应了失重环境后，杨利伟按照程序向地面报告情况：“飞船运行正常，我的身体感觉很好。”

看到杨利伟一切安好，指挥大厅的人们不由得松了口气。

10 月 15 日 10 时许，“神舟五号”飞船开始进行第一圈绕地飞行。杨利伟迫不及待地想看看窗外的景象，他先向地面指挥人员报告了

目前的舱内状态，在得到允许后，他打开了面窗，不过还不能卸除其他装备。

10时31分，喀什测控站检测到“神舟五号”飞船，这时，地面指挥人员向杨利伟发出指令：“可以摘除手套、束缚带。”杨利伟早就按捺不住了，他迅速地摘掉手套，将膝盖下方的束缚带解开。没有了阻力，杨利伟轻松地向舷窗飘去。

“先看浩渺的太空，还是先看生机勃勃的地球？”这个问题早已在杨利伟的头脑中徘徊很久了。当他的手触摸到舷窗时，答案立刻闪现。只见杨利伟毫不犹豫地低头向下张望，这个选择让他永生难忘。

“啊！这就是我的家园——地球！”呈现在杨利伟面前的，是一颗绚丽夺目的蓝色星球。它那蔚蓝色的身躯被淡淡的云层缭绕着，细长的海岸线、淡蓝色的海洋、黄绿相间的陆地等风景清晰可辨。以前，杨利伟只在书本、电视上看到过外国宇航员拍摄的地球，如今自己真真切切地看到了这一切，他不由得屏住了呼吸。“这是多么壮美的景象呀！真想就这样一直陪它慢慢旋转，永不停息……”杨利伟在心中感叹道。

杨利伟恋恋不舍地将目光从地球上移开，这时他看到了深沉的宇宙。这是多么纯净的黑色呀！透过舷窗，除了墨一般的茫茫黑色外，杨利伟看不到其他任何色彩，因为这里没有空气，所以也没有光线折射的现象，自然不会交织成其他色彩。不，这苍茫的宇宙并不是只有黑暗。杨利伟向更深处眺望，他看到了大大小小的星星，它们发出耀眼的光芒，散布在黑色的宇宙中，就像被遗落在旷野中的宝石，等待着主人将它们拾回。

当飞船绕着地球不停旋转时，杨利伟还看到了太空中的日出日落。虽然只是转瞬即逝的美景，却让他留下了永生难忘的回忆。日出前，一道耀眼的金边会出现在地球的边缘，随着飞船的移动，金边慢慢变成一片夺目的光芒，白天降临。飞船继续前行，慢慢地，大地上的光明开始一点点缩减，变成一道细细的亮痕，最后完全遁入宇宙的黑色中，夜晚悄然而至。

“宇宙真是太美了……”杨利伟的心被浩瀚的宇宙深深打动了。当然，他在欣赏美景的时候，并没有忘记自己的任务：他要拍一段太空的录像，传给那些无法像他一样能够亲临太空的人们。这不是单纯满足人们的好奇心，而是为了让人类进一步研究宇宙和地球的奥秘。

“我要将祖国的画面给大家传回去。”杨利伟想让祖国人民看看太空俯瞰下的中国。当飞船从祖国上空经过的时候，杨利伟将摄像机镜头对准了美丽的地球。这一刻，地面上的人看到了祖国美丽的山河，看到了哺育着全人类的地球。指挥大厅一片欢呼雀跃，杨利伟透过耳机听到了人们的欢笑，心中顿时升腾起无限的自豪感。

“如果没有祖国人民的勤劳与智慧，我也不会成为第一个进入太空的中国人，是人民成就了这次伟大壮举。祖国与日俱增的科技能力和综合国力让我感动，我为有这样不断强大的祖国感到骄傲！”杨利伟拿出太空笔，在《飞行日志》上写下了自己的感慨：“为了人类的和平与进步，中国人来到太空了。”他将写好的日志放在镜头前，和祖国人民一同分享了内心的喜悦。这句话不仅写出了中国人共同的心声，也写下了中华民族的千年梦。

不一会儿，飞船进入检测盲区，正当杨利伟享受太空“夜晚”

的静谧时，窗外突然闪过一道亮光。他立刻沿着舷窗寻找起来，但是什么也没发现。“莫非是飞船出现异常？”杨利伟心中一紧，立刻开始查看各个数据和系统的运作状况，检查结果一切正常。这让他稍微安心了些。

“那道闪光究竟是什么呢？”杨利伟暗自思忖。他决定“跟踪监测”。

10 时 40 分左右，“神舟五号”飞船开始进入第二圈绕地飞行。当飞船再次进入“黑夜”时，杨利伟早早地候在了舷窗边。可是这次闪光没出现，但是他丝毫不气馁，一定要弄个水落石出。因为这不仅关系到自身的安危，同时关系到科学技术、科学现象等方面的研究。

按照计划，杨利伟的飞行任务进行得一直很顺利。11 时 12 分，休息的时间到了，但是杨利伟舍不得睡，他还没有看够美丽的太空，另外那道令他不安的闪光也没有查出原因，他实在是睡不着。为了不让地面的人担心，当飞船进入检测区时，杨利伟就躺在座椅上闭目养神，大家看到他休息了，也就放心了。当飞船出了检测区，杨利伟就从座椅上起身，飘到舷窗旁一边观看太空景象，一边继续追查闪光的原因。当飞船再一次进入“夜晚”时，他终于发现了闪光的秘密：在贴近地面的地方突然出现一个光柱，光芒瞬间将太空照亮，但是随着光柱的消失，光亮也不见了。“原来是地面上的闪电现象呀！”杨利伟恍然大悟。

不过，有一件事杨利伟始终没有弄明白。在飞行过程中，他总能听到一些不规律的敲击声，起初他以为是飞船某个部位出问题了，十分紧张。于是一边检查设备，一边在《飞行手册》中翻找答案，但是飞船检查一切正常，手册中也没有相关答案。

杨利伟依旧有些担心，但是因为声音极无规律，一直也查不到原因。后来发现它对飞船没有丝毫影响，于是杨利伟也就放心了。

15 时 52 分，杨利伟向地面的工作人员汇报了目前状况：飞船工作正常。

15 时 54 分到 57 分，杨利伟镇定地操作着飞船，成功完成变轨飞行。

在飞船上，杨利伟不用借助任何仪器和地图就可以辨识出自己正在经过哪个大洲、哪个国家。每当飞船转到中国上空时，他就会仔细辨认各个省份：他看到了首都北京，那里有他日思夜想的亲人和战友；他看到了辽宁，那是他美丽的家乡；他看到了新疆，那是他曾经飞行、生活过的地方；他看到了甘肃，那是他出征太空的地方……他一边看，一边拍照，每次从祖国上空经过，都会热切期盼下一次。

看到地球上的美丽山川，杨利伟却怎么也找不到万里长城。以前曾听到这样一个说法："长城是唯一能在太空中看到的人工建筑。"为了验证虚实，杨利伟一直在努力地寻找长城，可是每次都没找到。这时，杨利伟明白了："原来在太空是不会看到任何单体建筑的。看来，凡事都需要实践检验呀，不然是不会得到准确答案的。"

17 时 05 分，杨利伟将拍摄到的精美画面传回地面，大家清楚地看到了太空中的地球。经过一段时间的操作，杨利伟很快掌握了拍摄技巧，他在飞行的过程中又拍下了很多美丽的镜头。

10 月 15 日 17 时 26 分，杨利伟第 6 次飞越南太平洋上空，这时，他接到了来自北京航天指挥控制中心的指令："'神舟五号'，这里是北京，接下来医生和你通话。"

当医生了解完杨利伟的身体状况后，另一个声音响起：“杨利伟同志，你辛苦了！”

是中央军委副主席曹刚川上将！杨利伟激动地回答：“非常感谢首长和所有同志的关心，我现在一切安好。”

曹上将继续说道：“杨利伟同志，目前地面的一切工作进展顺利，党中央都很关心你那边的情况，我代表所有领导同志以及全国人民向你表示诚挚的祝福！希望你继续保持良好的状态，圆满完成各项任务，祖国和人民都在等你平安归来！”

“请首长放心，我一定会努力将后续工作完成，坚决完成全部任务！”杨利伟回答得干净利落。

他的回答赢得一片雷鸣般的掌声。这次通话时间很短，但是杨利伟觉得很幸福，他深切体会到了党和人民对他的关心。

18 时 40 分，飞船顺利进入第七圈飞行。这时，杨利伟将随身携带的五星红旗和联合国旗帜一并拿出来，清晰地呈现在地面人员面前。这一刻，他将世界人民的心连在了一起。

20 时左右，杨利伟再次接到地面传来的通话指令。让他惊喜的是，这次的通话对象是他朝思暮想的亲人！

“利伟，你现在好吗？”

一个温柔的声音传入杨利伟的耳朵，是妻子张玉梅。他有些激动，但是很快就平静了下来：“我很好，放心吧！”

“家里人和祖国人民一直在关注你，我们等着你胜利归来！明天，我会和大家去机场接你，祝你顺利。”妻子的话犹如温暖的春风，让杨利伟心里暖融融的。

这时，一个稚嫩的声音响起：“爸爸，你在太空好吗？”

是 8 岁的小儿子！杨利伟脸上露出开心的笑容，他立刻回答说：“儿子，爸爸很好。谢谢你的关心。”

“爸爸，你有没有吃饭？”儿子又问。

“呵呵，爸爸已经吃过饭了，是很特别的航天食品。”

“爸爸，太空好看吗？你有什么感觉？”儿子急切地想知道爸爸的情况，一连问了好几个问题。

“嗯，太空美极了，我看到了许多美丽的景色，最美的就是咱们的地球。飞船很舒适，爸爸感觉很好。”杨利伟耐心地回答着儿子的问题。他真想多和自己的家人聊一会儿，但是飞船就要飞出检测区了，于是，杨利伟只得和儿子依依不舍地说“再见”了。

杨利伟将宇宙中看到的景象用摄像机、照相机等工具记录了下来，同时将自己遇到的小状况写在了日志中。虽然有时候会紧张，但是他早已将生死置之度外，他时刻告诉自己：“作为军人，就要做好为国捐躯的准备，再大的困难也不能让我退缩。”

时间一点点流逝，杨利伟的太空之旅也即将结束。

18 惊险的归途

2003年10月16日4时19分，“神舟五号”飞船按照原计划顺利完成了太空中的飞行任务，这时，杨利伟已经围绕着地球旋转了14圈。4时31分，他接到来自地面的命令：“‘神舟五号’，这里是北京航天指挥控制中心，飞行任务即将结束。现在，请你固定好舱内的所有物品，关好面窗，拿好仪表盘……”

听着指挥员的声音，杨利伟心中一阵激动：“我就要回家了！”但是他回头望向窗外，又有些舍不得离开这个美丽而神秘的太空。来的时候，他感觉时间是那么漫长，此刻要回家了，他却突然觉得在太空中停留的时间太短太短，短到他还没有看够这里的美景，短到他还没有将很多训练内容加以验证。

“没关系，将来还会有其他人来继续这项未完成的事业。”杨利伟自我安慰道。他对祖国的科技有信心，只要这次任务顺利结束，今后还会有更多探索太空的机会。虽然太空飞行

的任务到目前为止还算圆满，但是整个飞行任务还没有彻底结束。只有当飞船顺利返回地面，首次载人航天飞行任务才能画上完整的句号。

接下来将是更加艰巨、关键的任务。从人类第一次从事飞天事业研究到现在，已经有 22 名航天员牺牲，而其中有 11 人的生命就是在返程中结束的。杨利伟十分清楚自己接下来面临的任务有多么危险，但是他丝毫不畏惧，因为他自始至终都相信科技人员的技术，他们既然保证了发射、入轨、飞行等阶段的安全，同样能够保证返回阶段的安全。

5 时 35 分，杨利伟接到了地面传来的“返回”命令。这时，正处在 343 千米高轨道上的“神舟五号”飞船刹住了脚步，慢慢完成 180 度旋转。5 时 58 分，飞船从原来的轨道上脱离，开始进入下一个飞行状态——无动力飞行状态。

6 时 04 分，杨利伟驾驶着“神舟五号”飞船进入了大气层，同时进入“黑障区”，飞船与地面瞬间失去联系。这时，高速飞行的飞船突然遇上了强大的空气阻力，速度在骤减的同时，杨利伟感觉自己的前胸和后背好像分别压着几百斤重的巨石，不过这样的压力对他来说不算威胁，他早已训练过无数次。

正当舱内的杨利伟承受着巨大的身体压力时，舱外的状况同样让人触目惊心。由于飞船与大气发生剧烈摩擦，船体的温度骤然升高。在高温的烧灼下，飞船好像变成了一台炼钢炉，发出通红的亮光，那是摩擦生出的火焰。随着温度的不断升高，船体上的防烧蚀层逐渐剥落，一片片消失在大气中。船舱内的温度也慢慢升高了，杨利伟看着窗外不断剥落的碎片，听着飞船与大气摩擦发出的呼啸声，虽然紧张，但是依旧可以承受。

突然，让他意想不到的状况发生了！他看到飞船右面的舷窗出现了细小的裂纹！“这是怎么回事？玻璃窗为什么会碎裂？”杨利伟大吃一惊，紧张的汗水瞬间冒了出来。这时，他突然想到了美国的“哥伦比亚号”航天飞机。“‘哥伦比亚号’出事的时候，是防热板先出现破裂，进而导致飞船被高温笼罩，最后解体。如今，‘神舟五号’偌大的一个舷窗玻璃碎裂，这……”杨利伟不敢继续往下想。

眼看右舷窗的裂纹扩散到一半了，杨利伟又急忙扭头查看左舷窗的情况——左舷窗也生出了同样的裂纹！“右舷窗出现裂纹后并没有马上引发危险，而左舷窗也随后出现了裂纹，按照原理，同一故障在飞船上很少重复出现，既然两个舷窗先后发生了同样的现象，是不是说明这些细纹并不是什么故障？或者说，只是舷窗外层的玻璃碎裂，而里面这层依然安然无恙？”杨利伟在脑海中迅速地搜寻着答案，同时不断给自己打气：“要冷静，要沉着……”慢慢地，他的心稍微平静了一些。

在度过了煎熬的十几分钟后，杨利伟终于安全飞出了“黑障区”，这时，飞船离地面只剩40千米，速度也明显地降了下来。随着飞船慢慢减速，杨利伟承受的身体压力逐渐减小，飞船发出的呼啸声等异常情况也减弱了，裂纹也未再扩散。杨利伟马上按照程序将飞船检测了一番，然后迅速与地面人员取得联系。他稍微松了口气，但是马上又紧张起来。因为，接下来的任务——着陆，将会更加关键。

飞船离地面越来越近了，杨利伟扫了一眼窗外，舷窗被大气摩擦带来的高温烧得黑乎乎一片，早已看不出那些细密的裂痕。他将操作盒紧紧地抱在怀中，全神贯注地等待下一个程序——抛伞。6 时 14 分，在离地面只有 10 千米高度的地方，飞船上的降落伞盖立刻被抛开，刹那间，引导伞发出“砰”的一声巨响，同时被伞盖带了出来。在接下来的二十几秒中，减速伞、主伞也相继弹出。每个伞的打开，都会将飞船的速度强行降低，这突如其来的强大阻力让飞船产生剧烈的震动。杨利伟坐在船舱中，全身肌肉紧绷，他感觉像被无形的巨手接二连三地往后方拉扯着，虽然身体很不好受，但是他心中暗自高兴：“伞开得很正常！”

当主伞完全打开后，飞船开始匀速下降，虽然还有些摇晃，但是不适的感觉消失了，杨利伟的心中顿时变得舒坦起来。很快，飞船距离地面只有 5 千米了，悬吊着飞船的主伞也由单吊变成了双吊，船身变正了。船舱中，座椅的减震装置自动打开，杨利伟再一次将舱内的物品仔细地检查了一番，把自己牢牢地固定在座椅上。他目不转睛地盯着仪器，这时缓冲发动机开启，随着“咚”的一声响起，飞船着陆，紧接着又被强劲的反冲力弹起。当飞船再次落地时，杨利伟果断地做出切伞动作，主伞迅速被切断，飞船在地上翻滚了两圈后稳当地停住了！

2003 年 10 月 16 日 6 时 23 分，当北京天安门正在举行升国旗仪式的时候，“神舟五号”飞船在内蒙古四子王旗阿木古郎草原上安全着陆。虽然距离理论着陆点还有 4.8 千米，但是这个成绩却相当于命中靶心！首飞航天员杨利伟，在经历了惊心动魄的太空之旅后成功返回了地球，圆满完成了首次载人航天飞行任务！

几秒之后，被压在座椅下的杨利伟缓缓将面窗打开，他摸了摸嘴角，流血了。“哈哈，我成功了！我将航天任务成功执行完毕了！我，活着回家了！”嘴角的伤口仍在淌血，但是杨利伟开心地笑了。他立刻打开信号发射器，接通了指挥部：“这里是‘神舟五号’，按照预定计划，我成功着陆了！”汇报完毕后，杨利伟这才将身上的束缚带解开，从座椅下翻起身来。此时，周围静悄悄的，他只能听到自己激动的心跳声。

6时31分，杨利伟在等待搜救人员到来的时候，同指挥部领导通了话。当他和总指挥、副总指挥谈话结束后，又一个亲切的声音响起："杨利伟同志，你好吗？祝贺你成功返回祖国！你将这项伟大的航天任务完成得十分出色，国家感谢你，全国人民感谢你！”

这是温家宝总理的声音啊！杨利伟的眼睛有些湿润了……

6时51分，杨利伟听到船舱外有人在喊叫，他想透过黑漆漆的舷窗辨认外面的情景，但是只能看到隐隐约约的手电筒光照。“搜救队的工作人员来了！”杨利伟心中一阵欣喜。他赶忙将舱门的平衡阀打开，配合舱外的工作人员开舱。

不一会儿，舱门打开了！

“杨利伟！利伟！你怎么样？身体有什么感觉？”一个声音迫不及待地响起，是着陆场的指挥长。他一面向船舱张望，一面招呼医护人员过来。

杨利伟还没出舱，就被医护人员围了起来。他们一看到杨利伟的嘴角受伤了，就赶忙做紧急处理。“还有哪受伤了？快动动四肢，我看看情况！”监护医生焦急地问道。

“大家放心，我现在感觉很好。不信，你们看！”说着，杨利伟伸了伸胳膊，又动了动腿，向医生证明自己一切安好。

“来，我扶你出来！”

“没事，没事，我自己能行！”杨利伟微笑着拨开医生的手，小心翼翼地跨出了舱门。

“看，我这不是安全……”杨利伟还没把话说完，就被眼前的景象惊呆了。

草原上人山人海，领导、工作人员、警卫、记者、群众……每个人的脸上都带着激动与欢乐的笑容，齐齐注视着凯旋的英雄杨利伟。这一刻，杨利伟被深深地感动了。“出征的时候，有无数人为我送行；在遥远的太空，有无数人关心着我；回到家，依然有这么多人为我呐喊。我……”想到这里，杨利伟的眼眶又湿润了。

“利伟，快给大家讲几句话！”人群中的记者对他说道。

许久，杨利伟终于开口了：“我为我们的祖国感到无比自豪和骄傲！”

这句话随着草原上的清风传入每个人的耳中，顿时，掌声、欢呼声同时响起，在草原的上空久久不息……

出乎意料的名气

随着首次载人航天飞行任务的圆满结束，杨利伟立刻成为家喻户晓的“飞天英雄”。他不仅成了国内的“名人”，还成了世人瞩目的焦点。许多国家的领导人发来贺电，祝贺我国航天事业取得重大成功；国外的报纸也纷纷刊登有关“中国崛起”的文章。一时间，中国成为世界的热议话题，而杨利伟更是核心话题的核心。于是各种社会活动接踵而至，以至于很长一段时间内，杨利伟的主要工作就是参加各种活动。

这种现象完全出乎杨利伟的预料，他从来没有想过从太空回来之后将会发生什么事情，突然之间成为“公众人物”让他有些措手不及，随之而来的工作压力也变得更大了。

2003 年 10 月 31 日，杨利伟受到香港人民的热情邀请，到香港参加访问。在踏出飞机的那一刻，他立刻被香港民众的热情感染了。欢迎的队伍中有学生、老师、市民……有的人手

捧鲜花，有的人脸上涂着鲜艳的油彩，还有的人挥舞着五星红旗和紫荆花旗，大家高声呼喊着："杨利伟，你好！""欢迎你来香港做客！"欢呼声不绝于耳。

来到香港特别行政区的礼宾府后，杨利伟见到了早已等候多时的特首董建华以及代表团的所有成员。对于他的到来，无论是香港的高级官员，还是普通的民众，所有人都表示出了极大的热情。此时，杨利伟深深体会到祖国人民的团结，这为他的香港之行开了一个好头。

在代表团的陪同下，杨利伟有幸参观了这座美丽的城市，让他意想不到的是，著名演员成龙成为他的旅游向导。在众人的陪同下，杨利伟乘坐天星小轮"辉星号"游览了香港的美景，还观看了精彩的帆船比赛。所到之处，都是人们热烈的欢呼声，杨利伟感觉自己仿佛坠入了欢乐的海洋。

11 月 3 日这天，杨利伟与香港两千多名中小学生做了一次别开生面的交流。

谈话活动刚一开始。杨利伟就被学生们的各种问题包围了。

"这次航天任务圆满结束，您认为它的成功对国家科学技术的意义比较大，还是对整个中华民族的意义比较大？"一个学生迫切地问道。

"没想到这么小的孩子就有如此高的觉悟。"杨利伟心想，他向提问的学生投去赞赏的目光。略作思量后，杨利伟郑重地回答道："无论是国家科技还是民族，航天任务的成功都对这两方面产生了重大的意义。它不仅促进了国家科技的发展，同时体现了中华民族的凝聚力，二者都是同等重要的。"

杨利伟的话音刚落，紧接着又有人问道："您将来会和您的儿子一同遨游太空吗？”

这个提问引来现场一片欢笑，杨利伟微笑着回答说：“再次出征太空是我的梦想，我会和我的战友们一起完成接下来的各项任务。当然，我还非常希望能够与香港同胞合作。”

学生们的问题层出不穷，杨利伟一一作了详细的回答。这时，突然有人问道：“请问，您在太空飞行的时候是否遇到了上帝？”

这个问题立刻吸引了大家的注意，现场顿时一片寂静，所有人的目光都集中在了杨利伟身上，每个人都在心中暗自猜测，杨利伟会如何回答这个“刁难”的问题。

只见杨利伟嘴角上扬，笑呵呵地回答道：“是的，我见到了。当我一个人在遥远的太空飞行时，上帝给了无穷的力量和勇气，他就是全国人民！”

“哗——”会场上掌声雷动，所有人的脸上都露出了会心的笑容。

这场交流活动举办得非常成功，谈话过程中学生们反响热烈，杨利伟也是无所不答。他不仅用自己的幽默征服了孩子们的心，而且还用他那颗赤诚的爱国心感染了所有人。

很快，香港之行结束了。11 月 5 日，杨利伟又受邀来到澳门特别行政区访问。在这里，他同样受到了澳门人民的热烈欢迎。这两次访问给杨利伟留下了深刻印象，他不仅体会到了人们的爱国热情，而且也更加清楚地意识到：荣誉越大，责任越大。

11 月 7 日，航天飞行庆功大会在北京人民大会堂隆重召开，党中央将“航天功勋奖章”和“航天英雄”荣誉称号授予杨利伟。

有的人将载人航天事业形象地比喻为一顶皇冠，而航天员就是被镶嵌在皇冠上的最耀眼的珠宝，因为他们在航天事业中起到了画龙点睛的作用，所以这项事业变得更加光辉，与此同时，他们也成为众人眼中的焦点。然而面对如此之高的嘉奖，杨利伟由衷地说道：“这不是我一个人的荣誉呀！真正应该得到奖章和光荣称号的人，应该是那些默默地奋斗在事业背后的全体工作人员。要不是有他们的奉献、国家的支持、人民的托举，我也不会顺利完成这次的任务。今后，我将继续为国家贡献自己的绵薄之力，和所有航天人一起将这个荣誉称号发扬光大！”

正如杨利伟所说，是集体成就了个人的荣誉，11 月 8 日，为了表彰中国人民解放军航天员大队，中央军委将“英雄航天员大队”的荣誉称号授予这支队伍。在接连不断的荣誉面前，杨利伟暗自提醒自己：“载人航天事业并没有因此画上句点，今后还有更多、更艰巨的任务等着我，我要勇于承担重任，不辜负祖国和人民的期望。”

在接下来的日子里，杨利伟一如既往地工作着，但是由于他的名气，家人的生活还是不可避免地发生了一些变化。

这天，儿子从学校一回来就对妈妈说：“妈妈，学校要把我们少先队中队改为‘宇航中队’了，想请爸爸为我们中队题词和作报告。”听到儿子这么说，张玉梅觉得有些不妥，丈夫再三嘱咐过，荣誉是属于所有航天人的，与个人及家属毫无关系，决不能以此做文章。为了不打击儿子的积极性，张玉梅再三思量后还是决定先给丈夫打电话商量一下。

杨利伟在航天员公寓接到了妻子打来的电话，他了解了事情的经过后说道：“儿子今后还有很长的路要走，在成长的过程中，他不能借助任何人的力量一步登天，只能一步一个脚印地踏踏实实前进。你帮我谢谢学校的好意，同时也告诉儿子要像以前一样努力学习。”

事后，杨利伟又对儿子说：“儿子，你要明白这样一件事，爸爸的荣誉不属于你，也不属于家里的任何一个人，它只属于部队和国家。每个人都要脚踏实地地做事，不能把荣誉当做炫耀的资本。”一如小时候父母教育自己一样，杨利伟也希望儿子明白努力拼搏的意义，用自己的双手创造属于自己的明天。

不久，第 14 届“中国十大杰出青年”评选活动揭晓，杨利伟同水均益、姚明等人一同登上了光荣榜。这时，杨利伟的名气更大了，邀请他参加社会活动的人也更多了，但是他依然保持着良好的工作状态，凡是涉及商业、演艺等方面的活动，他都婉言谢绝了，因为他要把有限的精力用在航天事业上，这才是他真正的工作。

在参加各种活动的过程中，杨利伟结识了许多其他各界的名人，他和这些新朋友始终保持着良好的关系，但是绝不会将这些私人交情与工作扯上关系。从小到大，杨利伟都是好奇心比较强的人，对于新鲜事物他总是希望能够亲自尝试一下。随着交际圈的不断扩大，杨利伟接触到的新事物也越来越多，不过他从来不会随便打扰他人的生活，也不会将社会上的杂乱事务带到自己的工作中来。作为一名军人，他用自己的实际行动诠释了什么是严格自律，履行了军人应尽的职责。

保持一贯的作风

2003 年 11 月，杨利伟和所有航天员参加了一次重要会议，这次会议是由北京航天医学工程研究所举办的。在大会上，总指挥告诉全体航天员一个激动人心的消息：“神舟六号”航天任务即将展开，按照正常的工程进度来算，这项任务将在 2005 年 7 月或者 8 月之间进入尾声，在 9 月到 10 月之间完成发射。时间很紧迫，但是这对大家来说，不仅是实现自己飞天梦的机会，同时还是为祖国的航天事业作出更大贡献的契机，所有人立刻摩拳擦掌。

不过，激动之余大家也清楚地认识到这样一个现状：我们国家的载人航天事业还处在缓慢发展中，这种上太空的机会是十分难得的。因此，只有少数人能够得到这个机会。有人会很好奇：“这次的航天任务会不会直接交给首飞梯队的航天员？论资历，他们应该当之无愧吧？”但事实并非如此，虽然杨利伟、翟志刚和聂海胜三位航天员在第一轮中胜出，却并不代表他们能够获得“神舟六号”的通行证，同所有航天员一样，他们也重新站在起跑线上，

和大家一起迎接新一轮的挑战。

在航天员居住的公寓中有这样一条标语："祖国载人航天事业高于一切。"这是所有航天员的心声，每个人都愿意为祖国付出自己的一生。而不久之后，一条更为醒目的标语出现在这座公寓中："质量就是生命。"这是航天员们在"神舟六号"选拔训练开始的第一天贴上的。这句标语是大家为迎接新挑战立下的誓言，是对接下来的艰苦训练设定的目标，从此以后，航天员们进入了全新的训练中。

对杨利伟来说，这次的训练更为艰巨，他虽然是航天英雄，但是丝毫没有居功自傲的表现，而是和大家一起认真面对每一项训练。只是，杨利伟依然还有很多社会活动需要参加，各种出行、采访等给他带来了巨大的负担，然而每当训练开始时，他总会按时参加例行的体能训练，如果实在脱不开身，他就在休息的时间里把落下的课程补上，就算已经很累了，也丝毫不放松。

一次，杨利伟刚参加完几个活动，回来后正好赶上离心机训练。医监医生看到杨利伟最近有些劳累，于是对他说："利伟，反正这项训练你早就熟悉了，这段时间又很辛苦，我看这次你就做 4 个 G 吧！"

杨利伟知道医生是关心自己，但是他不愿意因此而降低要求，更不愿让大家感觉竞争不公平，所以满怀自信地说道："不用担心我，咱们就按原计划来，大家做 8 个 G，我也做 8 个 G，没关系的！"

"这……会不会太勉强？"医生还是有些不放心。

杨利伟笑了笑，说道："没事，不勉强。"

看到他如此坚决，医生也不再多说什么。这次训练，杨利伟按照原计划完成了 8 个 G 的训练，而且训练结果像往常一样优秀。

转眼间，2004 年到了。杨利伟在积极参加训练的时候，又接到了新的任务：将北京航天医学工程研究所副所长的职务担当起来，同时担任中国载人航天工程航天员系统的副总指挥。这是他从来没有接触过的任务，但是军人的天职就是服从，于是杨利伟毫不犹豫地挑起了这两副重担。

当上领导后，杨利伟的生活、工作更加繁忙。一方面，他继续参加“神舟六号”的选拔训练，另一方面还要负责航天员的选拔和训练。此外，他还要亲自参与科学研究、管理决策等方面的工作。新工作、新挑战、新压力没有将杨利伟压倒，反而激起了他的求知欲和好胜心。由于现在的工作许多都是新的，杨利伟开始给自己“加餐”：涉及航天领域的知识要尽可能多地掌握和了解。

虽然新工作给杨利伟带来不小压力，但是他很快就找到了最佳的学习方法。首先，他将自己具备的优势总结了出来：他曾完完整整地参加过航天员的选拔与训练过程，而且亲自执行过空间飞行任务，因此对航天员这一职业有非常全面的了解，而且具备第一手的航天飞行资料与经验，这为他的角色转变提供了强有力的保证。其次，他将自己的时间做了合理分配：白天，他会积极参加航天员的选拔训练，除了完成自己规定的任务外，他还要辅导其他航天员训练，并针对大家的训练评分；晚上，他会静下心来看书，学习航天知识、总结工作经验等，如果白天有落下的训练任务，他还会在晚上抽空补齐。

看着杨利伟每天像陀螺一样忙个不停，大家都很担心他的身体。但是他却笑呵呵地跟大家开玩笑说：“我现在什么都不缺，就是缺觉。等哪天闲下来了呀，我一定会睡个够！”

在领导班子中，杨利伟是唯一一个来自航天员大队的领导，虽然当上了领导，但是在和战友们相处的时候，杨利伟没有一点领导架子。训练的时候，他和大家一起完成相同的任务；闲暇之余，他会像以前一样和大家一起说笑、打球。对这个平易近人的领导，大家也是非常欢迎，若是谁有想不清楚的问题，都愿意找杨利伟聊天，所以对于航天员们的想法，杨利伟是最了解的。只要大家遇到困难，他都会给大家做代表，向上级反映。融洽的人际关系不仅让杨利伟能够及时解决航天员们的问题，而且还为他的管理工作减轻了许多负担。

时间不停流转，很快，一个值得纪念的日子到了——2004年10月15日，上一年的这一天，杨利伟驾驶“神舟五号”成功进入太空，完成了中华民族几千年的飞天梦。为了纪念这个意义重大的日子，杨利伟特地来到了酒泉卫星发射中心，他要把上一年走过的路重新走一遍。

这天上午9时，杨利伟来到“问天阁”前的广场上，参加了庄严的升旗仪式，注视着冉冉升起的五星红旗，杨利伟心中百感交集：“去年的这个时刻，‘神舟五号’飞船正式发射升空，转眼间一年过去了，我再次回到这个承载着无数梦想的地方。这一年中，发生了很多意想不到的事，认识了很多优秀的人才，航天事业也进入了新的发展阶段。在接下来的一年当中，我要继续为航天事业努力奋斗，完成祖国交代的每项任务。”

参加完升旗仪式，杨利伟直奔航天员纪念林，那里有一棵承载着航天员梦想的云杉树。一年前，他和战友们在这里将小树苗种下，如今，这棵云杉已经长到半米多高。杨利伟一边仔细地为云杉树培土、浇水，一边欣慰地想："不久之后，我们国家将会有更多优秀的航天员出现，航天事业也会像这棵云杉一样蒸蒸日上。"做完这些，杨利伟又来到航天员餐厅，按照上一年的出征路线，将餐厅、卧室、会见厅、广场、发射塔架、发射平台等地方从头到尾走了一遍。同样的路线，不同的心情，从当初渴望完成任务，变成了如今为祖国的繁荣富强感到自豪。这一刻，杨利伟似乎看到祖国迎来了更加辉煌的明天……

从酒泉卫星发射中心回来后，杨利伟又参加了在广东珠海举办的"第五届中国国际航空航天博览会"。参加这次大会的有三十多个国家和地区，聚集了国内外一百多名专家、学者。在开幕式上，杨利伟深刻地体会到了国与国之间的激烈竞争，同时也越发觉得国家富强的重要性。

开幕式结束后，杨利伟从会场走了出来。他一边走一边思考着开幕式上想到的问题，这时，突然传来一阵急切的呼喊："等等，杨利伟！等一等！"

听到有人喊自己的名字，杨利伟好奇地停住了脚步。他转身一看，一位满头白发的老人正气喘吁吁地向他跑来。看到这种情况，杨利伟赶忙往回走了几步，主动来到老人面前。

"杨利伟，你好！你能帮我签个名，然后再拍张照吗？"老人迫不及待地问道。

杨利伟愣住了，他没想到老人大老远追来就是为了请他签名、合影。刹那间，他被老人的执着感动了，于是迅速拿起笔给老人签下了自己的名字，并与老人合影留念。

“谢谢，祝你工作顺利！”老人再三谢过杨利伟后，心满意足地离开了。

看着老人远去的背影，杨利伟不由得在心中感叹：“虽然已经过去一年了，但是‘神舟五号’带给人们的积极影响仍在继续。看来，航天事业不仅可以提高国家的综合国力，还会让整个中华民族更加团结，这就是航天的力量呀！”

从广东回来后，杨利伟立刻马不停蹄地加入到航天员的训练当中。此时，他的心中有个声音一直在回响：“为了祖国的富强，为了人民的团结，你一定要出色地完成每一项任务，用实际行动来回报国家的培育之恩！”

肩上的责任

有这样一个关于母亲和儿子的故事：

一口水井旁，有三位母亲在打水。水桶太重了，大家只好在井边稍作休息。这时，第一位母亲说：“我的儿子总是那么灵巧，而且很有力气，没有人能够比过他。”

第二位母亲闻言，也急忙夸赞自己的儿子：“我的儿子唱歌动听极了，连黄莺听了都自惭形秽。”

第三位母亲听后，什么话也没说。其他两位母亲很好奇：“你为什么不说说你的儿子呢？”

“我的儿子很普通，没什么可说的。”第三位母亲平静地回答。

休息得差不多了，三位母亲提着水往家走去。一路上她们不时地停下来休息，因为水桶实在太重了。不一会儿，三个孩子向自己的母亲跑了过来。

第一个孩子翻着跟头来到母亲身边，母亲

开心地说道："瞧，我的儿子多么灵巧，他的跟头翻得就像车轮，棒极了！"

第二个孩子唱着歌来到母亲身边，母亲骄傲地说："听，我儿子的歌唱得多么美，简直就像天使在唱歌！"

第三个孩子什么才能也没表演，他急忙跑到母亲身边，从母亲手中接过沉重的水桶，然后默默地向家走去……

杨利伟就是第三个孩子，而他的母亲就是那位谦逊的母亲。从小到大，身为教师的母亲一直教导杨利伟要做一个对社会有用的人。她从来不在人前夸耀自己的孩子，却在心中默默地支持着他。杨利伟从太空返回后，赢得了许多人的赞誉，母亲对儿子的成绩看在眼里，喜在心中。但是她依旧默默地陪在儿子身边，什么也不说。

杨利伟完全了解母亲的心，他也一如既往地在自己的工作岗位上奋斗着。

以前家里的生活条件不是很好，父母不愿增加杨利伟的困扰，所以一直住在老家。慢慢地，杨利伟的生活条件好起来，于是就把老人接到北京，一家老少和和乐乐地生活在一起。

一天，杨利伟回到家，母亲对杨利伟说："不知道怎么搞的，最近总是感到头晕。"

杨利伟心中有些紧张，心想："平时工作忙，一直顾不上带父母做检查，虽然老人看起来很精神，但是还是要做一次正规的全面体检才好。"想到这里，他对母亲说："咱们去医院做一次体检吧！"

白天，杨利伟把母亲送到医院，晚上工作结束后，他就会来医院陪母亲聊天。等母亲休息后，杨利伟找到医生，查询母亲的情况。医生笑呵呵地告诉他：“放心吧！老人家目前的身体状况不错，你真是有福气呀！”

听到医生这么说，杨利伟心中踏实多了。

一转眼，母亲在医院住了有两天了，医生告诉杨利伟：“明天体检就能结束，到时候就可以接老人回家了。”

“好的，我明天下午一下班就过去。”杨利伟谢过医生，心中松了口气。

然而，就在第二天下午，杨利伟突然接到院长打来的电话：“利伟，你赶紧来医院，老人出了点状况，现在正在急救……”

“急救？”杨利伟脑中顿时一片空白，回过神后，他焦急地问道，“这是怎么回事？检查不是很顺利吗？”

“原因还不清楚，是突发的昏迷，医生们正在全力抢救。你不要慌，也许没有什么大问题。你先来医院吧，不要自己开车，路上注意安全！”院长一边安慰杨利伟，一边提醒他注意安全。

挂掉电话，一向冷静的杨利伟变得心急如焚。他立刻冲出办公楼，没等司机来开车，就自己驾车向医院疾驰而去。

“怎么会突然昏迷？是不是对药物过敏？是不是吃坏了东西？是不是不小心碰着了……”一路上，杨利伟不停地猜测着母亲出事的原因。

到达医院后，杨利伟立刻冲进大楼，直奔急救室。这时，母亲已经处于深度昏迷的状态了，尽管医生们采取了各种救治措施，但是情况依然不容乐观。最后，母亲安详地睡去了……

杨利伟迈着沉重的脚步挪到母亲身边，他趴在床边，轻轻握住母亲的双手，呼唤着：“妈……我是利伟，你睁开眼看看我……”

母亲没有说话，她的体温正在一点点降低。

杨利伟再也克制不住内心的悲痛，放声大哭起来。他没想到母亲竟然就这么走了，他还没来得及看上她一眼，还没来得及和她说上一句话……

航天员也是普通人，在面临亲人的生离死别时，也有无法抑制的悲痛。然而他们又不能像普通人那样长久地陪伴在亲人身边，他们的肩上不仅有家庭的责任，还有国家的责任。在这种时候，他们唯一可以做的事情就是默默擦干眼泪，在最短的时间内把所有的悲伤整理好，然后继续行走在航天事业的奋斗之路上。

母亲的突然离世让杨利伟更加体会到自己肩上的担子有多重，他要用更加优异的成绩来告慰母亲的在天之灵。在经历了最痛苦的日子以后，杨利伟又回到了自己的岗位上。

2005 年 3 月 16 日，一个好消息传来，国际小行星命名委员会分别将我国天文学家在 1981 年 10 月 25 日发现的编号为 8256 的太阳系小行星、西班牙天文学家在 1991 年 6 月 6 日发现的编号为 21064 的太阳系小行星命名为“神舟星”和“杨利伟星”。

在浩瀚的宇宙中有数以万计的星体，一旦小行星被赋予了某个名字，那么这个名字将会被全世界认可。可以说，小行星命名是一项至高无上的国际殊荣。国际小行星中心和国际小行星命名委员会之所以会批准“神舟星”与“杨利伟星”，正代表其对中国的载人航天事业给予了充分肯定。

这个消息让杨利伟和战友们激动不已。当他接过刻有“杨利伟星”四个大字的铜匾时，他坚定地对所有人说道：“这是世界对我们国家航天事业的肯定与支持，是对我和我的战友们莫大的鼓励。今后，我们将继续为祖国的航天事业创新功！为世界航天事业添上更加辉煌的篇章！”

太空没有国界，航天事业同样不分国界。中国的航天事业不仅代表着中华民族的崛起，还代表着人类社会对太空有了进一步的了解。

5月19日，杨利伟随同中国载人航天代表团出访美国。这天，联合国秘书处的中文翻译组工作人员早早地做好了准备，他们在入口处悬挂起“欢迎中国航天英雄”的大条幅，又在两旁挂起鲜艳的五星红旗和联合国旗帜。所有的工作人员、中外记者怀着激动的心情聚集在这个并不宽敞的大厅中，等待着杨利伟和其他航天员的到来。

不久，电梯门“叮”的一声打开了，杨利伟和代表团的同志们刚一踏出电梯，现场所有人都高举手臂发出了“Yeah”的欢呼声。大家将杨利伟团团围住，迫不及待地想要和他握手、说话。这时，有人递过来一把椅子，大声喊道：“我们请杨利伟给大家讲话！”

杨利伟被大家的热情感染了，他站上椅子向所有人行了一个标准的军礼，然后激动地说道：“感谢大家的欢迎！我能够成为首飞航天员，并顺利完成航天任务，是因为有国家和人民的支持！我相信，在不久的将来，中国人民会和全世界人民共同取得更加辉煌的航天成绩！”

杨利伟的讲话赢得了一片热烈的掌声，许多工作人员都激动地流下了喜悦的泪水。

随后，杨利伟和代表团的全体同志又来到联合国秘书长安南的会客室。在见到安南秘书长的那一刻，杨利伟将“神舟五号”

搭载的联合国旗以及那组在太空展示过的小型旗帜一同赠送给安南，他用流利的英语说道："能够将这面联合国旗交给您，我感到非常荣幸。"安南郑重地接过旗帜，一边微笑一边用中文说道："谢谢！"两个人的手紧紧地交握在一起。

虽然中国不是第一个搭载联合国旗进入太空的国家，却是第一个将首飞中搭载的联合国旗赠送给联合国的国家。这一举动不仅代表中国政府始终如一地支持联合国的工作，还代表着中国航天事业为人类作出的贡献。

安南在例行会议上欣慰地表示："'神舟五号'飞船的成功将人类与太空的距离又拉近了一步，这是中国政府对联合国的信任与支持，值得每个国家学习！"这一讲话，令全体航天员热血沸腾，也令中国人民感到自豪和骄傲。

8 月，杨利伟又以"和平使者"的身份来到俄罗斯。这时，航天员克里卡廖夫正在国际空间站执行任务。8 月 16 日，克里卡廖夫创造了新的太空飞行纪录：747 天 14 小时，一举摘得了"世界冠军"的桂冠。8 月 18 日，杨利伟怀着激动的心情与这位伟大的航天员进行了"天地通话"。在谈话中，克里卡廖夫告诉杨利伟："从昨天晚上到今天早晨，我刚刚完成了 5 个小时的太空行走。"这个消息令杨利伟热血沸腾，他在心中暗暗许下心愿："不久之后，我们也要培育出像克里卡廖夫一样优秀的航天员……"

8 月 19 日，杨利伟被俄罗斯联邦航天局授予"加加林勋章"，并得到了航天局局长的美好祝愿："您是一名优秀的航天员，祝愿您能够成为中国航天员中飞行时间最长、飞行次数最多的人。"

一次次的出国访问，让杨利伟深切地感受到世界人民对中国航天事业的支持。他坚信，只要世界人民共同热爱我们美丽的家园，太空将会成为造福全人类的友好空间。

一定要做到『零失误』

随着时间的一点点临近，“神舟六号”任务进入了关键时期。这是中国第二次载人航天飞行，各级领导都对此给予了关注。有了“神舟五号”的经验，“神舟六号”的任务有了进一步的创新。

这一次，“神舟六号”飞船要搭载两位航天员进入太空，执行任务的时间将会更长。在执行任务期间，航天员要在轨道舱的失重状态下，完成关闭返回舱门的任务以及检漏试验。此外，航天员的生活也将得到进一步的改善，他们可以喝到非常纯净的矿泉水，能够吃上热腾腾的食物和复水食品；上厕所不用依靠尿不湿，而是可以在“太空马桶”上解手；在舱内可以穿脱压力服，休息时还有专用的睡袋；等等。

虽然“神舟六号”飞船比“神舟五号”飞船改进了许多技术，但是由于航天员们这次执行的任务很多，而且时间更长，所以危险也相

对增加了许多。

为了保证“神舟六号”任务能够顺利完成，杨利伟在训练开始时就将“从严从难”的原则告诉了所有航天员。面对新知识和新技能，杨利伟要求大家要做到“反复熟练”。为了提升大家的训练水平，程序训练的内容不会提前告诉大家，航天员们都是在当天接到自己的训练项目，一旦有突发问题出现在眼前，就要用最快的速度将问题解决掉。在飞行过程中，两名航天员各司其职，但是为了培养队员之间的默契，在训练过程中，教员会不定时地让两名航天员调换位置，这在很大程度上增加了训练难度，同时考验了队员们的应变能力。

由于“神舟六号”新增加了很多任务，所以航天员们的训练课程也相应增加了不少新内容。其中，飞船操作和生活料理等方面的要求更加严格，成为训练的重点。此外，航天员们还要掌握一定的“治疗”技能，以预防长时间飞行导致的空间运动病等。

在执行“神舟六号”任务时，航天员要完成观测、医学实验、实验设备操作等多项科学实验，因此飞船还进行了相应的程序改动。航天员要想成功完成各项任务，就要全面掌握航天器的运作技巧。此外，还要充分适应航天器的工作环境，其中“微重力”就是航天员要克服的一大难题。

航天器在执行任务时遇到微重力的影响，是一件司空见惯的事情。而微重力对航天员的个人安危及工作效率等方面都会产生直接的、严重的影响。为了摆脱微重力的不良影响，航天员们接受极为艰苦的训练——“微重力生理适应性测试”。这项训练不仅考验航天员的身体耐力，而且考验每个人的心理承受力。经过五个昼夜的强度训练，航天员们克服了重重难关，全部通过了考验。

在训练课程中，有一项专门针对两个人执行任务而设计的训练项目——“心理相容性”训练。“飞行程序任务”训练是针对两名航天员的分工而制定的训练课程，而“心理相容性”则是从品德、性格等方面对航天员加以训练，以便两个人能够在执行任务的过程中形成良好的工作氛围。

为了制订出科学、完善的航天员训练方案，杨利伟通过自身的艰苦训练，以及观察战士们的训练情况，不断总结经验教训，对自己的工作提出更高的要求。经过一番全面分析，杨利伟提出了一个严格的训练目标——零失误。在解释这一目标的时候，杨利伟提到：“我们的航天员经过多方面的艰苦训练后，已经具备了优良的独立执行任务的能力。如今，‘神舟六号’的执行人有两位，当一个人在做动作的时候，旁边还有一个人在监督，在这种情况下，我们的执行过程实在不应该再出现什么失误。”

有人对杨利伟的“零失误”质疑：“即便是再严密的科学，也难免会出现失误的情况。让航天员们一点错都不能犯，这样的要求是不是太苛刻了？”

面对质疑，杨利伟表现得非常自信：“执行飞行任务是一项极为严谨的工作，在操作过程中即使出现丁点的差错，都将造成难以挽回的后果。因此，要想保证任务顺利圆满完成，我们必须做到零失误。”

杨利伟的解释很有说服力，大家都把零失误作为了训练目标。然而要做到这一点并不容易，除了航天员的努力训练外，教员的精确指导也是必不可少的。于是，经过中国航天医学工程研究所多次讨论、研究，一个针对教员的要求出台了：每个教员要通过培训、考核、领取合格证后方可上岗。这一要求一经实施，立刻受到了大家的重视，教员和航天员一样，在接受了严格的选拔后，加入了我国航天事业的队伍中。

除了规范教员队伍外，杨利伟还进一步提升了指挥员队伍的素质。以前，指挥员只是简单地对航天员传达指令，现在指挥员还能在航天员遇到困难时及时提供帮助，在第一时间解决航天员的问题。

杨利伟一面接受航天员的选拔训练，一面改进自己的管理工作。对于航天员们的自我管理，杨利伟十分放心。所以他从来不会用部队中简单的管理方式来要求大家，而是制定一系列激励措施，从学习训练方面提升大家的斗志。这种管理机制不仅使航天员队伍朝着和谐的方向发展，而且还使选拔工作更加公平、公正。

在不断的学习、研究中，中国航天人创造出了一个新名词——归零。这一要求也就意味着，杨利伟、翟志刚、聂海胜等参加过“神舟五号”训练的人要和大家站在相同的起跑线上，把之前的成绩统统清零。而以前的舱内操作经验也要全部清零，因为这次的飞行任务与上次不同，不能将旧的知识用在新问题上。

然而就在杨利伟和大家一起参加选拔训练时，他接到了工程指挥部发出的指令：请杨利伟同志退出新任务的选拔。作为一名航天员，杨利伟十分渴望再次出征太空，但是作为一名军人，他的首要任务就是服从指挥。他可以理解指挥部为什么会让自己退出：航天员的上天机会少之又少，若是能够让多数人在极少机会的情况下参与飞行任务，那么将会进一步完善航天工程的工作。

于是，杨利伟毫不犹豫地接受了组织的安排，将自己的全部精力投入到辅导航天员们训练的工作中去。他仔细地总结出每个人的特点，然后将自己的训练经验传授给大家，帮助大家掌握正确的方法，克服自身存在的问题。遇到新问题，他还会和大家一起讨论新方法，将训练中出现的问题一一攻破。虽然这次不能参加执行“神舟六号”的任务，但是杨利伟丝毫没有放弃自己的训练，他依然保持最佳状态，为下次出征时刻准备着。

“神舟六号”的选拔非常残酷，但是每位航天员都将自己的实力充分展现出来，用顽强的意志力克服了常人难以想象的困难。经过首次飞行，杨利伟深刻地感觉到，航天员除了要具备优良的身体素质外，还要具备超强的应变能力和心理素质，在遇到突发状况时能够从容、快速地排除危险。“航天员们都是来自各个部队的精英，身体素质绝对合格。要从中选出最优秀的人，就要从技术和心态两方面入手。”杨利伟的这一建议立刻得到组织的重视，经过详细、全面的研究讨论，“神舟六号”将技能与心理作为选拔的重点。

经过细致的初选、复选后，有 6 名航天员顺利进入航天员梯队，他们分为 3 个乘组，进入了更为关键的定选阶段。这一阶段除了要考核每位队员的能力外，还要评定乘组整体能力，并以表现最佳的一组作为飞行任务的首选者。

为了使“神舟六号”任务能够顺利执行，评审组从 6 名航天员的成绩排名和个人意愿出发，遵循一致性、互补性的原则，将 6 人分成了 3 个小组：费俊龙和聂海胜、刘伯明和景海鹏、翟志刚和吴杰。3 个乘组一经确定，立刻投入到模拟器飞行程序训练中。

2005 年 8 月 24 日，“神舟六号”航天员面试定选会在北京航天城正式召开。6 名航天员以小组形式参加了面试考核，面对专家严格的提问，航天员们进行了现场回答。当所有考核结束后，全体评委对 3 个乘组的整体表现进行了现场评估。通过一番无记名投票以及周密计算，最终人选确定了：费俊龙和聂海胜组成的乘组以优异的成绩排在 3 个乘组之首，成为“神舟六号”任务的最佳执行人选。

让杨利伟感到欣慰的是，两名航天员全部达到了零失误的要求，为执行任务打下了坚实的基础。

23 航天事业的新鲜血液

最佳人选确定后，“神舟六号”任务一天天临近了，杨利伟和全体航天工作人员进入了更为紧张的备战阶段。除了全程参与航天员的选拔训练，杨利伟还紧跟飞船设计的步伐，将“神舟五号”中存在的细微问题全部告诉设计人员，这为飞行设备的完善提供了非常大的帮助，进一步减小了安全隐患。

2005 年 10 月 7 日，杨利伟故地重游。他站在高高的发射塔下，抬头仰望这位沉默的“巨人”，心中百感交集：“两年前，我在这里出发，如今我的战友们将再次从这里起飞，完成祖国赋予的重任。”

不一会儿，飞船、火箭、逃逸塔等设备运到了发射场。这时，空中突然飞来一群喜鹊，它们在飞船和火箭上空不断鸣叫、盘旋。杨利伟心中一阵惊喜：“戈壁滩上很少会见到喜鹊，这次任务一定能够成功！”

10 月 11 日，杨利伟来到酒泉卫星发射中

心的航天员公寓“问天阁”，查看6名航天员的情况，同时为他们加油打气。这时，费俊龙和聂海胜依旧保持着良好的状态。晚上，在两名航天员休息前，杨利伟又将执行任务中需要注意的事项以及可能出现的问题详细地跟战友们交流了一遍，最后他再三嘱咐道：“好好休息，别紧张，明天我为你们送行！”

回到自己的宿舍，杨利伟辗转反侧，无论如何也睡不着。他回想起两年前出征的夜晚，那一晚是他睡得最香甜的一夜，而这次需要战友们出征了，他却始终无法入眠。“那个时候，战友们也像我现在这样辗转难眠吧……”他在黑暗中叹了口气。

实在睡不着，杨利伟干脆起身穿好衣服走出了“问天阁”。深蓝的夜空中飘浮着厚厚的云层，月亮藏在云层后散发出隐隐约约的光芒，四周一片寂静。杨利伟紧了紧身上的外套，把目光投向了远处的发射塔。一阵清冷的夜风吹来，杨利伟的思绪也随之飘散开来……

两年前，他独自执行飞行任务，将所有的思想负担抛之脑后，所以能够以平和的心态完成飞行任务。现在，踏上迢迢天路的是每天生活在一起的亲密战友，他怎么能不牵挂呢？“记得海胜和志刚帮我整理航天服的时候，眼睛都是湿润的，他们是在担心我的安危……这次的选拔，我是主要参与人员之一，对于俊龙和海胜的实力，我万分肯定，他们一定可以将这次任务圆满完成！”想到这里，杨利伟心中涌起一股暖流，他望着沉静的天幕，在心中默默地为战友们送去祝福……

10月12日清晨，戈壁滩迎来了第一场雪。“‘神舟六号’能按时发射吗？”人们暗自猜测。不一会儿，费俊龙、聂海胜两位航天员迈着坚定的步伐从“问天阁”走出来，纷纷扬扬的雪花从空中飘散下来，似乎在为勇士们壮行。

5时30分，他们站在总指挥面前听候指示，随着一声洪亮的“出发”，他们踏上了征途。杨利伟和战友们相拥告别，他激动地说道：“大家等着你们凯旋的好消息！”看着战友们远去的身影，杨利伟信心十足地对身边的人说：“放心吧，‘神舟六号’将会比‘神舟五号’飞得更好！”

这时，雪停了，清凉的风从戈壁滩上空飘过，不一会儿，一轮朝阳从地平线上冉冉升起，照亮了神州大地。9时，在震天撼地的轰鸣声中，“神舟六号”准时向太空进军。

“神舟六号”成功升天后，杨利伟立刻从酒泉卫星发射中心返回了北京航天城。在“神舟六号”执行任务的时候，他密切地注视着指挥大厅的大屏幕，关注着战友们的一举一动，为两位航天员及时送去技术指导和心理支持。

10月17日凌晨4时32分，返回舱平稳地降落在内蒙古四子王旗阿木古郎草原上，“神舟六号”圆满完成任务！

上午10点左右，杨利伟早早地等在了机场，半个小时以后，费俊龙和聂海胜出现了。一见到战友，杨利伟就穿过欢迎的人群，和战友们紧紧拥抱在一起。“我为你们感到骄傲！”原本有千言万语要说，但此时此刻，他只能用这短短的一句话表达自己内心的激动。

当全国人民沉浸在“神舟六号”发射成功的喜悦中时，另一项新的任务——“神舟七号”已经在酝酿中了。

同前两次任务相比，“神舟七号”具有更加重大的意义，这一次，我国的航天人要挑战出舱技术。这项任务无论对航天设备还是航天员来说，都有更高、更新的要求，而舱外航天服就是其中最为关键的因素之一。

是按照原计划引进俄罗斯的舱外航天服，还是自行研制呢？如果从国外引进，当我们有了自己研制的航天服，还是要耗费巨大的人力、物力、财力进行检测。如果我们自行研制，那么就要面临时间紧张、技术攻关等严峻的问题。到底该如何是好呢？经过科研人员全面、缜密的分析与讨论，大家最后得出一致决议：立刻着手舱外航天服的研制，同时将“神舟七号”任务的时间推迟一年，在 2008 年正式实施。

这是一项重要而大胆的决策。要知道，研制舱外航天服通常要花费 8 年的时间，而我们却要突破这一难关，在短时间内完成技术攻关。这对广大科研工作者来说，是一次全新的挑战。

对杨利伟来说，“神舟七号”任务同样是一次重大的挑战。这时，他已经是中国航天员科研训练中心的副主任了，摆在他面前的是新一轮的航天员选拔，时间很紧张，但是依然要高质量地完成任务。在前两次任务的基础上，杨利伟和工作人员展开了新一轮的工作。他们将训练项目重新整合，去掉不必要的，增加新的，加强必需的，制订了更加系统、规范的培训教材。

为了保证航天员选拔工作的成功，杨利伟毅然决然地退出了航天员选拔，把全部精力投入到培养优秀航天员的工作中去。基于“神舟七号”任务的特点，杨利伟在零失误的基础上，再次提出更高的要求：在不借助外部支援的情况下，依然能够主动完成任务。之所以要提出这项要求，是考虑到航天员出舱后可能会遇到飞船飞出测控区的情况，这时无线电中断，航天员无法与地面取得联系，那么航天员就要在没有外部指令支援的情况下独立完成作业，并保证自己的人身安全。因此，“不借助外力、主动完成任务”的要求就显得极为重要。

通过前两次的飞行，杨利伟更加深刻地体会到，航天员的心理素质对任务的成败起着关键性的作用。他一面指导航天员训练，一面查阅大量的国外资料，总结出舱经验。经过研究分析，他发现很多出舱任务的失败，除了有设备、操作程序等方面的原因外，还与航天员的心理素质有着密不可分的关系，尤其是在面对突发事件的时候。因此，为了保证“神舟七号”任务的万无一失，杨利伟更加注重培养航天员的应急反应能力。

经过一番精心组织筹划，杨利伟带领航天员大队进入了新一轮的刻苦训练中。

2008 年是历史性的一年。在“神舟七号”即将出征之前，全国人民迎来了世界瞩目的第 29 届奥林匹克运动会。

6 月 28 日，熊熊燃烧的奥运火炬从酒泉卫星发射中心的发射塔架下出发，一路传到了首都北京。

8 月 6 日，杨利伟将圣火接过来。他高举着这支从发射场传来的火炬一路奔跑着，在心中为中国航天员呐喊助威，为国家的航天事业加油，为祖国的繁荣昌盛欢呼。他相信，“神舟七号”一定会为祖国人民呈上一份骄人的答卷。

终于，“神舟七号”的航天员名单出炉了：翟志刚、刘伯明、景海鹏光荣地肩负起这项伟大的任务，其中，翟志刚将在太空完成出舱工作。

9 月 25 日 21 时 10 分，酒泉卫星发射中心又一次发出震天的巨响，“神舟七号”搭载着三名航天员以及全国人民的祝愿飞上了天空。

9 月 27 日，翟志刚出色地完成了舱外行走任务，虽然只有短短的19分钟，但是他却将中国人的足迹留在了茫茫太空中。

杨利伟热切地注视着战友在太空的身姿，心中激情澎湃：“我们的航天员成功了！我们的科研人员研制的航天服成功了！我们国家的航天事业又向前跨进了一大步！”

9月28日17时27分，“神舟七号”安全返回地球，为中国的航天事业又添上了华丽的篇章。

看着“神舟五号”“神舟六号”“神舟七号”相继完成了祖国赋予的重任，杨利伟的心中充满了对未来的憧憬：“以后，我们将会拥有自己的空间站，将会在太空和地球之间搭建起友好和平的桥梁。那个时候，我们国家的航天事业将更加辉煌，我们的祖国将会更加昌盛……”

在第一代航天员中，有的人已经完成了飞天梦想，有的人却依旧在等待。在这10年当中，他们的青春年华一点点逝去，但是他们对航天事业的热爱却丝毫没有减少。杨利伟和战友们用10年时间成就了祖国辉煌的时刻，接下来，他们还将继续奋斗下去，因为今后还会有全新的血液融入到航天事业中来。

奋斗的道路是艰辛的，但是未来的事业是光明的，杨利伟始终坚信——“天路无极、奋斗不息”！